19세기 동아시아의 패러다임 변환과
제국 일본

국립중앙도서관 출판시도서목록(CIP)

19세기 동아시아의 패러다임 변환과 제국 일본
/ 지은이: 강상규. --서울 : 논형, 2019
204 p. ; 152×225cm

ISBN 978-89-6357-221-5 (94150) : ₩14000

331.54-KDC4
303.4-DDC21   CIP201905507

19세기 동아시아의 패러다임 변환과
제국 일본

강상규 지음

강상규(姜相圭)

1965년 광주에서 태어났다. 서울대학교 외교학과에서 국제관계를 공부하면서 Nationalism 과 Nation State에 관심을 갖게 되었다. 군 제대 후 서양 정치를 공부하고 싶어 유럽에 잠시 체재하면서, 역으로 '내 안에 있는 동양이란 무엇인가'라는 문제와 대면하게 되었다. 이후 서울대학교에서 석사·박사과정을 거치면서 오늘을 입체적으로 이해하기 위해서는 역사를 진지하게 거슬러 올라가는 노력이 필요하며, 그 시선은 어떤 식으로든 자기로부터 출발하지 않으면 안 된다는 문제의식을 갖게 되었다.

현재 방송대학교 일본학과 교수로 재직하면서, 한국과 일본 양국 간의 건강하고 의미 있는 '소통'과 아울러 우리의 역사를 현재에 이해할 수 있는 형태로 새롭게 '번역'하고 '해석'하는 작업에 관심을 기울이고 있다.

전공 및 관심분야는 동아시아 국제관계, 한국과 일본의 정치외교사 및 근대 한일관계사이며, 주요 논저로 「朝鮮の儒教的政治地形と文明史的轉換期の危機」(2005, 도쿄대학박사학위 논문), 『19세기 동아시아의 패러다임 변환과 제국 일본』(논형, 2007), 『19세기 동아시아의 패러다임 변환과 한반도』(논형, 2008), 『조선정치사의 발견』(창비, 2013) 등이 있다.

hangang39@knou.ac.kr

19세기 동아시아의 패러다임 변환과 제국 일본

지은이 강상규

초판 1쇄 발행 2007년 4월 30일
초판 4쇄 발행 2019년 4월 10일

펴낸곳 논형
펴낸이 소재두

등록번호 제2003-000019호
등록일자 2003년 3월 5일
주소 서울시 영등포구 양산로19길 15 원일빌딩 204호
전화 02-887-3561~2 **팩스** 02-887-6690

ISBN 978-89-6357-221-5 (94150)
값 14,000원

21세기를 살아갈 韓日 양국의 젊은 벗들에게

서문

  21세기 우리는 지금 어디에 서있으며 어디로 가고 있는 것일까.
9·11테러로 불길하게 개막한 새로운 밀레니엄의 출발 이후 우리는
어떠한 '거대한 변환(great transformation)'의 소용돌이 위에 떠있는
것은 아닌가. 인터넷이라는 사이버 공간과 '정보혁명'으로 표상되는
'미래' 매트릭스의 세계가 언제부턴가 어느덧 우리의 '일상'이 되어버
렸다. 새로운 '문명표준(standard of civilization)'을 창출하지 않으면
무한경쟁에서 뒤진다는 일종의 집단적 무의식이 유령처럼 우리 주변을
배회한다. 대체 변하는 것은 무엇이며 변하지 않는 것은 무엇인가.
  책의 제목에서도 드러나듯이, 이 책에는 불행히도 여기에 대한
직접적인 해답은 담겨있지 않다. 대신 한 세기 이전에 겪어야 했던
거대한 변환의 현장에서 동일한 질문을 던지고자 한다. 즉 이 책에
실린 글들은 19세기 동아시아의 경험을 '전근대에서 근대'로의 발전과
정이라는 틀에서 단선적으로 이해해 온 기존의 논의방식과는 달리
상이한 문명 간의 충돌과 '패러다임 변환(paradigm shift)'이라는 보다

6

복합적이고 상호구성적인(co-constituted) 틀 위에서 검토함으로써 20세기 나아가 현재 우리가 서있는 세계가 전개되어 온 맥락을 새롭게 천착해 보려는 필자 나름의 고민 중 일부를 담고 있다.

주지하는 것처럼 한반도가 속한 동아시아 지역은 오랜 세월에 걸쳐 역사적으로 구성된 독특한 정치적, 사회적 경험과 문명의식을 공유하였다. 그런 만큼 동아시아 지역을 구성해온 질서—우리는 이를 보통 중화(中華)질서, 천하(天下)질서, 화이(華夷)질서, 중국적 세계질서 등으로 부른다—는 오늘날 우리에게 친숙한 서구의 근대 국제질서와는 대단히 다른 성격을 갖고 있었다. 국가 '간' 관계도, 그리고 중화질서에서 하나의 행위주체로서 국가가 갖는 의미도, 그리고 국가와 개인의 관계라고 하는 것도 근대 국제질서의 그것과는 차이가 있을 수밖에 없었다.

아편전쟁은 서세동점(西勢東漸)이라 일컬어지는 서구 제국주의의 물리적 공세가 시작되는 신호탄이 되었다는 점에서 동아시아 세계에 있어서 하나의 세계사적 의미를 지닌 사건이었다. 장구한 역사 위에 구축된 중화질서의 관점에서 보더라도 아편전쟁은 금후 나타나게 되는 '거대한 변환'의 양상을 예고하는 획기적 사건이었다. 아편전쟁으로 인해 체결된 남경조약(1842)은 서구제국과의 불평등 조약의 원형이 되었고, 이후 거듭되는 전쟁에 따라 천진조약(1858)과 북경조약(1860) 등으로 이어지면서 중국이 '조약'체제(treaty system)라는 '새로운 국가 간의 교제 및 교섭방식'에 따라 서양제국과 접하게 되는 구체적인 계기가 되었다.

거시적인 맥락에서 보면, 19세기 흔히 서세동점으로 집약되는 거대한 변환의 과정이란 동아시아 지역에서 오랫동안 지속되어 오던 중화질서가 현실적으로 붕괴되고, 서구의 근대 국제질서로 재편되어가는 과정이었다. 한·중·일 동아시아 삼국은 이 과정에서 이른바 '예의 관념'에 근거한 중화질서로부터 '부국강병'과 '국가평등 관념'에 입각한 근대 국제질서로 동아시아 세계를 구성하는 패러다임의 변동을 겪어야 했다. 이것은 동아시아 국가 간 관계의 패러다임이 중화질서하의 '조공 책봉관계'에서 근대 국제질서의 수평적이고 독립적이며 그만큼 '무정부적인 관계'로 변환하는 것을 의미했다.

동아시아 삼국 어느 나라에서도 이처럼 기존 질서의 전복이라고 부를만한 거대한 변화가 쉽사리 이루어질 리가 없었다. '문명사적 전환기'라고 할만 한 당시의 시대적 변화를 애초에 제대로 파악하거나 예측하기도 어려웠고, 현실정치에서 새로운 비전을 만들어내면서 국내외의 다중적인 압력과 심리적, 혹은 정치적 저항을 극복한다는 것은 너무나도 난해한 작업이 아닐 수 없었기 때문이다.

19세기 동서 문명이 대면하는 현장은 물리적 폭력과 갈등을 수반하고 있었고 그 어지러운 현장의 한복판에는 서양 국가와의 '조약' 체결이라는 문제가 어김없이 얽혀 있었다. 이러한 상황에서 1864년에 중국의 총리아문의 부설기관인 동문관(同文館)에서 헨리 휘튼(Henry Wheaton, 1785-1848)의 국제법 서적이 『만국공법(萬國公法)』이라는 제목으로 한자문명권에 번역되어 출간된 것은 특별히 주목할 만하다. 주권국가(sovereign state)라는 '새로운 국가형식'과 함께 조약체제(treaty system)라는 '새로운 국가 간의 교제 및 교섭방식' 등을 다루고 있다는 점에서, 만국공법은 서구와의 대규모 물리적 충돌과 그에 따른 불평등 조약의 체결이라는 새로운 위기상황의 접점에 놓여 있었을 뿐만 아니라, 동아시아에 대두되고 있는 국가 간 관계의 새로운 패러다임이자 새로운 문명의 문법을 표상하는 것이었기 때문이다.

후일 휘튼의 『만국공법』이 후쿠자와 유키치(福澤諭吉, 1834-1901)의 『서양사정』과 함께 개화기 일본에서 최고의 베스트셀러가 될 수 있었던 것이나, 중국의 정관잉(鄭觀應, 1842-1922)이 국가경영에 관한 양무 지침서라 할 수 있는 『이언(易言)』(1880-36편본, 1882-20편본)을 쓰면서 제1편을 「공법에 관해 논함(論公法)」으로 시작하는 것도, 그리고 조선의 개화승 이동인(李東仁, 1849-1881)이 개화파 김옥균, 박영효의 후원 등에 힘입어 만국공법을 배우기 위해서 일본에 어렵게 밀입국한 것, 이러한 사실 모두가 국가 '간' 관계의 패러다임의 변환을 이해하려는 나름의 치열한 노력을 반영하는 것이다.

중화질서의 변동이 아편전쟁이라는 외부로부터의 충격에서 시작되었다면, 동아시아 삼국 간의 관계 변동은 메이지유신이라는 일본 국내의 정치변동을 기점으로 본격적으로 진행되기 시작했다고 할 수 있다. 1870년대에 나타난 청일수호조규, 일본 내부의 정한론 논쟁과 조일수호조규의 체결, 그리고 '유구문제'의 대두와 일본의 일방적인 병합 등의 일련의 사건은 동아시아의 정치변동이 본격적으로 시작되었으며, 중화질서의 주변부에 위치하던 일본이 이러한 정치변동을 주도할 것임을 강력하게 시사해주는 것이었다. 그것은 일본의 근대국가 형성과정이 그저 하나의 민족국가의 탄생을 의미하는 것을 넘어 제국건설의 형태를 띠고 배타적이면서도 팽창적으로 진행되고 있음을 예고하는 것이기도 했다.

19세기 동아시아 국가 '간' 관계의 패러다임의 변화란 동아시아 전통국가들의 '무대'가 예의 관계에 입각한 '천하질서'에서 상위의 질서를 인정하지 않는 주권국가 간의 관계, 즉 '근대 국제질서'로 변화해 간 것을 지칭한다. 무정부적 속성을 지닌 새로운 무대 환경에서는 덕치(德治)나 예치(禮治), 왕도정치(王道政治), 사대자소(事大字小)와 같은 기존의 '연기'와는 다른 부국과 강병, 균세(均勢=세력균형)와 자강(自强)의 능력이 보다 중시되었고 이에 적응하지 못한 배우들은 무대 밖으로 밀려났다. 19세기 우리는 거대한 문명사적 전환기의 격랑을 지혜롭게 넘지 못했다. 우리는 연기력 부족으로 19세기 변화된 새로운 무대에서 퇴출당하였고 다른 배우들의 연기를 멀리서 그저 바라봐야만 했다. 그 결과는 참담한 것이어서 20세기 전반 한반도는 주체의 상실과 함께 맞이한 식민지 체험과 공공의식의 심각한 왜곡, 강렬하고 배타적인 저항 민족주의의 탄생과 전개, 국토의 분단과 전쟁, 그리고 극단적인 이념 대립과 정치적 갈등을 겪어야 했다.

여기서 필자는 다시 문제의 원점으로 돌아가야만 한다는 생각을 하게 되었다. 도대체 19세기 동아시아에서는 구체적으로 어떠한 일들이 있었던 것일까. 중국이 새로운 패러다임 변환에 적응하지 못한 이유와, 동아시아의 주변국 일본이 근대 주권국가의 틀을 넘어 제국으로 질주하게 된 것은 무엇 때문이며 어떠한 경로를 통해서인가. 이 과정에서 어떠한 방식의 연속과 단절이 이루어졌으며, 그것은 현재 내가 사는 세계와 어떻게 연결되어 이어지고 있는 것일까. 이 책은 말하자면 이러한 문제의식에 대한 필자 나름대로의 아직 끝나지 않은 답변이다.

이 책이 나오기까지 너무도 많은 학은을 입었다. 김용구 선생님을 비롯한 서울대학교 외교학과의 고마운 은사님들, 도쿄대학의 사카이 데쓰야(酒井哲哉) 선생님, 구로즈미 마코토(黒住真) 선생님, 가나가와 대학의 윤건차 선생님에게 머리 숙여 감사의 인사를 드린다. 그리고 아내 한수영은 나의 지적 동반자이자 오늘 내가 살아가는 힘이 되어 준다. 논형의 소재두 사장님과 편집진의 세심한 배려에도 감사의 말을 전한다.

2007년 04월

강상규

차례

III 제국 일본의 자기정체성 모색과 국체론의 전개

I

문명사적 전환기의
중국과 만국공법

1. 머리말

　19세기 이후 동아시아 지역에서 진행된 거대한 전환의 과정은 오래도록 지속되어 오던 기존의 중국적 세계질서가 현실적으로 동요되면서 서구의 근대 국제질서권으로 편입되어가는 과정이었다. 동아시아 지역에 나타난 '서구의 충격'이란 실제로 동아시아 삼국이 처한 각각의 외압의 성격이나 강도, 타이밍의 차이, 지정학적 위치, 기존 정치질서의 안정성 등의 여부에 따라 그 충격의 객관적 여파 곧 '위기 상황'의 내용을 달리하고 있었다. 게다가 중화문명 내에서의 위상과 중화문명의 수용 혹은 체감의 양상, 국가 내부의 구조와 전통, 그리고 하나의 국가 내부에서도 개개인의 정치적인 위상과 구체적 정황 등의 차이에 따라 주관적 '위기의식'의 성격에도 적지 않은 편차가 존재하였다. 그럼에도 불구하고 동아시아 삼국은 문명사적 전환기의 상황에서 이른바 예의 관념에 기반한 '중화적 세계질서'와 국가평등 관념에 근거한 '근대 국제질서'가 서로 얽혀 교착하는 양상을 보였다는 점에서는 동일한 경험을 공유하고 있다고 해야 할 것이다.

여기에서는 "특정한 시간과 장소에 존재했던 문명권을 배경으로 한 국제사회 안에도 중심과 주변이 존재하며 그 국제 사회에서 통용되던 규범 규칙에 대한 인식이나 현실적인 적용도 상이하게 나타난다"[1]는 점과 문명의 충돌이란 실상 거시적 차원에서 이루어지기 보다는 오히려 미시적이고 구체적인 차원에서 나타나게 된다는 점 등을 감안하여,[2] 19세기 동아시아 지역에서 중국적 세계질서와 근대 국제질서라는 상이한 두 개의 대외질서 관념이 교착하는 양상을 청 말기 중국에서 '만국공법=국제법'이 수용되는 과정을 통해 검토하고자 한다. 주지하는 바와 같이, '만국공법'이란 미국의 국제법학자 헨리 휘튼(Henry Wheaton, 1785-1848)의 국제법 서적 *The Elements of International Law*가 마틴(William Alexander Parsons Martin, 丁韙良, 1827-1916)에 의해 한문으로 번역되어 『만국공법(萬國公法)』이라는 책으로 출간(1864년)되는 과정에서 처음 등장한 번역어로서, 동아시아 지역에서 반세기 남짓 생명력을 유지하고 사용되었던 용어이다.

19세기 동아시아의 문명사적 전환기라는 상황에서 근대국가 간 질서를 상징하는 만국공법은 서구와의 대규모 물리적 충돌과 그에 따른 불평등 조약의 체결이라는 새로운 위기의 접점에 놓여 있었을 뿐만 아니라 주권국가(sovereign state)라는 '새로운 국가형식'과 함께

* 이 글은 원 논문 「중국의 만국공법 수용에 관한 연구」, 『동양철학』 25집, 2006을 수정 · 보완한 것임.
1) 김용구, 『세계관 충돌과 한말외교사, 1866-1882』(서울, 문학과 지성사, 2001), p.42
2) "문명은 문명의 차원에서 충돌하지 않습니다. 충돌은 미시적이고 구체적인 차원에서만 일어납니다." 함재봉, 「David Hall 교수와의 대화: 동서문화의 상호이해는 가능하다」, 『전통과 현대』(서울, 전통과 현대사, 1997), p.237

조약체제(treaty system)라는 '새로운 국가 간의 교제 및 교섭방식' 등을 다루고 있다는 점에서 흔히 간과되어 온 것과는 달리 대단히 상징적이면서도 구체적인 의미를 동시에 지닌다. 따라서 만국공법은 교섭사 혹은 관계사적 관점에서 보면 실무적인 차원에서 중요할 뿐만 아니라, 문명사적 전환기라는 문맥에서 볼 때 만국공법의 전파와 수용이라는 문제는 대외인식의 변화와 아울러 문명관 내지 세계관의 변용과도 맞물린다는 점에서 전환기의 대외관계 및 위기의식의 심층을 이해하는 핵심적인 소재가 된다고 할 수 있다.

따라서 이 글에서는 우선 서구 국제법의 성격으로부터 논의를 시작하여 중국이 국제법 관련서적을 번역, 수용하게 되는 과정에서 나타나는 특징적 양상을 고찰함으로써, 국제법에 스며 있는 근대 서구 문명의 편견과 함께 당시 중국에 존재하던 위기의식의 소재를 이해하고 새롭게 부상한 근대 국제질서의 문명 기준에 대한 중국 측의 태도 등을 정치사상사적 맥락에서 검토해 보고자 한다.

2. 근대 국제법의 '권력정치적' 측면과 '문명주의적' 성격

서구의 근대 국제질서는 유럽이라는 특정한 사회에서 형성된 질서 체계로서 이전의 다른 국제질서와는 구별되는 역사적 기원을 갖는다. 근대 국제체제는 정치권력들이 이슬람 문명권을 타자화(他者化)하고 중세의 보편화된 권위에 대항하는 과정에서 국가보다 상위의 권력을 부정하고 복수의 국가들이 독립적이고 경쟁적으로 공존하게 되면서

가시화되기 시작했다. 요컨대 서구의 근대 국제질서는 몇 개의 강국과 다수의 군소국가 간의 경쟁적 공존의 역사라는 배경 위에서 성립되었던 것이다.

근대 국제질서의 주요한 특성 역시 이러한 역사적 맥락에서 형성되었다고 할 수 있다. 이러한 상황에서 서구에 나타난 국가들은 과거의 중세국가와는 달리 영토 내에서 단일하고 배타적인 권력을 행사하는 영토국가(Territorial State)였으며, 비교적 협소한 유럽권역 내부에서 서로 국경을 접하고 대치하게 되면서 무력으로 우열을 가려야 할 상황이 항시적으로 지속됨에 따라, 국가의 안전과 독립, 자국의 국가이해(National Interest)를 모든 것에 우선시하는 의식을 당연한 것으로 받아들이게 되었다.3)

이러한 역사적 배경 위에서 대내적으로는 최고성, 대외적으로는 배타적 독립성을 특징으로 하는 주권(主權, Sovereignty, Souveränität, Soveraineté)이라는 새로운 개념이 국가의 속성으로 등장하여 서서히 정착되어 간다. 30년 전쟁(1618-1648) 이후 성립한 웨스트팔리아체제는 유럽의 국제질서가 로마 교황이나 신성로마제국의 황제로 대표되던 중세적 권위로부터 해방되어 주권국가 간의 근대 국제체제로 넘어가는 하나의 역사적인 전환점을 이룬다고 할 수 있다. 주권국가들의 탄생과

3) 무정부 상태에 가까운 이탈리아의 정치적 상황에서 군주에게 강력한 통일국가를 이룩할 수 방법과 그 정당성을 역설하고 있는 마키아벨리(Niccolo Machiavelli, 1469-1527)의 『군주론』이 나온 것은 이처럼 유럽에서 근대국가가 태동하던 역사적 문맥에 서였다. Wheaton, Henry, *Elements of International Law*, Preface to the Third Edition(1846); Machiavelli, Niccolo, *The Prince*, (1532) translated by George Bul l(London: Penguin Books, 1999)

근대 국제체제가 형성되는 과정에서 간과해서는 안 될 사실 중의 하나는 서구의 근대국가들이 대내적으로는 군주의 위신과 국력을 과시하여 국내의 모든 계급과 모든 계층의 강렬한 충성심을 환기시키고 대외적으로는 국부(國富)의 원천이라 할 수 있는 영토의 확장과 식민지 정책을 추구하게 되면서 가장 선호했던 정책이 다름 아닌 바로 전쟁이었다는 점이다.

전쟁이 기존의 질서를 변화시키는 데 결정적 역할을 했다는 사실은 국내정치에 국한된 것이 아니라 국제적 수준에서도 동일하게 나타났다. 예컨대 지난 4-5세기 간에 있어서 대규모의 전쟁과 그 전쟁을 마무리하는 국제적 협약들이 유럽식 근대 국가체제—국제정치적 의미와 국내체제 양면 모두에 걸쳐—의 모습을 결정짓는 결정적 요인이었음은 우리가 익히 알고 있는 사실이다. 즉 30년 전쟁과 웨스트팔리아조약(Treaty of Westphalia), 스페인 왕위계승전쟁과 유트레히트조약(Treaty of Utrecht), 나폴레옹 전쟁과 비엔나회의(The Congress of Vienna), 1차 대전과 베르사유조약(the Treaty of Versailles), 2차 대전과 얄타협정 등이 가장 대표적인 예들로 지적될 수 있을 것이다. 이러한 점에서 국가들이 전쟁을 만들어 냈지만 동시에 바로 그 전쟁이 오늘날과 같은 모습의 국가들을 만들어냈다고 하는 말은 단순히 인상주의적 표현 이상의 의미로 이해하여야 할 것이다.[4]

4) 박상섭, 「근대국가의 군사적 기초: 근대국가형성기 유럽의 군사와 정치」, 『政經世界』(서울, 國際社會科學學術研究所), pp.287-288; 근대 국가를 합리적으로 운영하는 핵심적 장치라고 할 수 있는 관료제도가 전쟁과의 관련 속에서 성립된 것임은 두말할 나위가 없을 것이다. 이에 관해서는 "근대 관료제가 이루어질 수 있었던 데는 권력정치에 의해 규정된 상비군(常備軍) 창설의 필요성과 군사기구와 관련된 공공재정의 발전에 의해 주로 영향을 받았다"는 막스 베버(Max Weber, 1864-1920)의 논의와 아울러 "모든 국가조직은 원래 전쟁을 위한

계속되는 전쟁은 주권국가를 주요 행위자로 하는 국제체제가 본질적으로 얼마나 무질서한 지를 명백히 드러내주는 것이었다. 대외적으로 배타적 독립성을 지닌 주권국가 간의 국제체제가 본질적으로 무질서한 속성을 가지기 때문에, 가급적이면 전시나 평시에 이들 국가 간의 관계에 규칙과 질서를 부여하려는 모색들이 이루어졌다. 근대적 의미의 국제법(international law, jus inter gentes)의 윤곽이 점차 명료해지는 것은 이러한 노력들이 그로티우스(Hugo Grotius, 1583-1645)나 푸펜도르프(Samuel von Pufendorf, 1632-1694), 바텔(Emmerich de Vattel, 1714-1767) 등에 의해 결실을 보게 되면서부터였다.5) 한편

군사조직이었다"는 오토 힌체(Otto Hinze)의 언급만을 상기해 두고 넘어가기로 하겠다. Weber, Max, *Economy and Society: An Outline of Interpretive Sociology*, ed., Günther Roth and Claus Wittich(Berkeley, Los angels and London: Bedminster, 1968), p.972; Hinze, Otto, "Military Organization and the Organization of the State" in Felix Gilbert(ed.), *The Historical Essays of Otto Hintze*(New York: Oxford University Press, 1975), p.181

5) 예컨대 헨리 휘튼의 앞의 책 초판(1836)의 서문에 의하면, 국제법이란 "전시나 평시에 국가 상호 간의 관계에 있어 국가행위를 규율하거나 혹은 규율하리라고 생각되는 법규나 원리"라고 되어있다. 한편 오늘날 영어로 국제법을 의미하는 international law라는 용어를 처음 사용한 것은 제레미 벤담(Jeremy Bentham, 1748-1832)인 것으로 알려지고 있다. 벤담은 당시 국제법의 의미로 사용되던 law of nations라고 불리던 용어가 국내법과 분명히 구별되지 않는 등 적절하게 국제법이 담고 있는 특징을 전달하지 못하고 있다고 하여, 주권국가 간의 법으로서의 국제법을 지칭하기 위하여 international law라는 용어를 처음 사용하였으며, 이 과정에서 기왕의 'internal'이라는 단어에 대비되는 의미에서 'international'이라는 형용사를 새로 만들어 사용하게 되었다는 것이다. 이처럼 오늘날 흔히 '국제(國際)'라고 이해되는 international이라는 용어가 근대 국제체제가 형성

유럽에서 국가 간의 교섭을 지칭하는 단어로 diplomatie, diplomacy가 사용되기 시작한 것도 나폴레옹 전쟁 시기를 겪으면서였다. 유럽의 중세질서 행위자간의 교섭을 négotiation이라고 표현한 것과 구별하여 근대 국제질서의 행위자 간의 교섭을 diplomacy라고 불렀던 것이다.6) 물론 이러한 근대 국제질서체제가 형성되는 데는 이른바 '물적 토대'가 존재하고 있었음은 두말할 나위가 없다. 전지구적 차원의 세계사의 성립이란 유럽의 산업혁명과 자본주의의 발전과 병행해서 진행되었던 것이다. 따라서 서구 근대국가의 발전에 따라 경제적 부와 군사력의 관계는 더욱 긴밀하게 밀착되어 갔으며, 신흥자본가 세력의 해외에서의 자유로운 활동을 법적으로 보장하는 국제법규와 그것을 물리적으로 지원해줄 군사력의 존재는 그만큼 상호보완적 성격을 띠지 않을 수 없었다.

기독교 문명국 간의 논리가 형식적으로 상호 간의 권리의무관계

되는 역사적 과정에서 새롭게 만들어졌다는 사실은 그만큼 용어가 담고 있는 의미가 새로운 가치로서 인식되었음을 보여준다고 생각되며, 아울러 근대 국제체제의 형성 및 전개과정에서 국제법의 형성 및 전파가 가지는 비중을 상징적으로 전해준다는 점에서 주목된다. 벤담이 그의 저서 *Introduction to the Principles of Morals and Legislation*(1789)에서 'international law'라는 용어를 사용하게 된 경위 등에 관해서는, Nussbaum, Arthur, *A Concise History of the Law of Nations*(New York: Macmillan Company, 1954), p.136; Suganami, Hidemi, "A Note on the Origin of the Word of International", *British Journal of International Studies* 4(1978), pp.226–232 등을 참조.

6) 나폴레옹 전쟁 이전 국제사회의 행위자 간의 교섭행위를 지칭하는 용어는 négocier, negotiate였다. 당시까지만 해도 diplomatique, diploma와 같은 용어는 '문서'를 지칭하는 의미로 국한되어 사용되었다. 이에 관해서는 김용구, 앞의 책, pp.28–29를 참조.

이행이라는 이른바 '상호주의'에 입각하여 이루어지는 것인 만큼, 유럽 문명국과 이질적인 문명국가 간의 관계는 흔히 법적 무질서의 상태로 인식되곤 했다. 이질적인 문명이란 하나의 문명 기준에 의거해서 보면 대개 '야만'에 다름 아니었기 때문이다. 예컨대 '미개인(barbarous people)'에 대해 전쟁법의 효력이 발생할 수 없다는 것도 이러한 상호주의의 논리에 근거한 것이라고 할 수 있다. 따라서 비서구권 국가들은 서구의 문명 기준에서 요구하는 제조건을 갖추었다고 판단되기 전에는 국제법의 영역 '밖'에 놓이게 되며, '문명의 신성한 의무(sacred trust of civilization)'라는 미명하에 서구 문명국가의 '보호' 대상으로 전락하기 십상이었다. 예컨대 19세기 동아시아 국가들이 서양 국가와 맺은 조약이 예외 없이 불평등 조약이었던 것은 기본적으로 이러한 문명적 요소의 미비라는 명분에 의해 이루어진 것이었다.[7] 이러한 의미에서 볼 때, 기독교 문명국가의 비서구권에 대한 포섭과정은 스스로를 '보편' 이자 '문명 기준'으로 인식해가는 과정인 동시에 그것을 비서구권에게 인식시켜가는 과정이었다고 할 수 있다.

7) 국제법의 이른바 문명적 편견에 대해서는 Schwarzenberger, Georg, "The Standard of Civilization in International Law" *Current Legal Problems* Vol.8(London: Stevens & Sons Limited, 1955); 筒井若水, 「現代國際法における文明の地位」, 『國際法外交雜誌』66卷(1967); Gong, Gerrit, W., *The Standard of "Civilization" in International Society*(Oxford: Clarendon Press, 1984); 김용구, 『세계관 충돌의 국제정치학』(나남, 1997) 등을 참조.

3. 중국적 세계질서에 있어 조약체제의 등장과 국제법 서적의 번역

장기적인 안목에서 볼 때, 아편전쟁은 서세동점으로 일컬어지는 서구 제국주의의 물리적 공세가 시작되는 신호탄이 되었다는 점에서 세계사적 의미를 지니는 사건임에 틀림없다. 장구한 역사 위에 구축된 중국적 세계질서의 관점에서 보더라도 금후 나타나게 되는 '거대한 전환'의 양상을 예고하는 획기적 사건이라고 해야 할 것이다. 아울러 아편전쟁으로 인해 체결한 남경조약(1842)은 서구제국과의 불평등 조약의 원형이 되었고 이후 거듭되는 전쟁에 따른 천진조약(1858)과 북경조약(1860) 등으로 이어지면서 조약체제라는 '새로운 국가 간의 교제방식'에 따라 중국이 서양제국과 접하게 되는 구체적인 계기가 되었다.8)

8) 중국은 남경(南京)조약보다 약 백오십여 년 전 러시아와 최초의 근대식 조약이라고 할 수 있는 네르친스크조약(the Treaty of Nerchinsk, 1689)을 체결한 바 있다. 이 조약은 강희제(康熙帝, 재위기간: 1661-1722)가 국경문제로 러시아와 충돌이 일어나지 않도록 하려는 전략적 의도하에, 동등한 자격에서 웨스트팔리아회의 이후 유럽에서 형성된 국제법의 호혜 평등의 원칙과 절차에 따라 맺은 것으로서 조약의 원본도 라틴어로 작성되었던 것으로 알려지고 있다. 그러나 이러한 평등한 관계 수립 자체가 중국적 세계질서의 예외적인 사건이 될 수밖에 없는 것이어서 이후 국제법에 관한 언급은 1839년까지 중국에서 등장하지 않게 된다. 이에 관해서는 Wang, Tieya, *International Law in China: Historical and Contemporary Perspectives* (Martinus Nijhoff Publishers, 1990), pp.227-228를 참조. 康熙帝가 耶蘇會 신부들을 활용하여 조약을 맺게 되는 구체적 내용 등에 관해서는, 吉田金一, 『ロシアの東方進出とネルチンスク條約』(東京: 東洋文庫近代中國研究センター, 1984) 등을 참고할 수 있다.

이처럼 19세기에 들어 이루어진 서구와의 대규모 물리적 충돌과 그에 따른 불평등 조약의 체결이라는 새로운 위기상황의 접점에 놓여 있었던 것이 바로 국제법이라는 점에 주목할 필요가 있다. 이러한 상황을 대변해주는 최초의 흥미로운 사례는 아마도 영국과의 아편문제를 처리하는 책임을 맡게 된 린쩌쉬(林則徐, 1785-1850)가 외국 상품의 금지에 관한 상대국의 처리방식을 이해하기 위해 바텔의 국제법 서적 *Le Droit des gens*(1758) 중 외국인과의 분쟁 해결과 대외무역을 관리하는 국가의 권리에 관한 일부 내용을 번역하여 이를 참고자료로 활용하였던 경우에서 찾아야할 것이다. 이때 린쩌쉬는 바텔의 관련구절을 참고하여, 1839년에 아편을 수출입 금지품(contraband)으로 선언하고, 아편을 몰수하도록 명령하였으며, 영국 빅토리아 여왕에게 아편무역의 중지를 지시하도록 요청하는 편지를 보내기도 하였다. 이러한 조치들이 기대한 결과를 가져오지 못하자, 린쩌쉬는 강제적인 물리력의 행사를 통해 이를 해결하게 되는데 자신의 행동이 도덕적으로나 법적으로 정당하다는 확신을 갖게 해준 근거 또한 바텔의 관련구절이었던 것으로 알려지고 있다.9) 이처럼 린쩌쉬가 근거로 했던 바텔의 국제법 저서의 관련 번역문은 얼마 후 중국의 아편전쟁에서의 패배에 자극받은 웨이위안(魏源, 1794-1856)이 '이이제이(以夷制夷)'적 의도10)를 가지

9) Hsü, Immanuel C.Y., *China's Entrance into the Family of Nations: The Diplomatic Phase 1858-1880*(Cambridge: Harvard Univ. Press, 1960), pp.123-125; Wang, Tieya, 앞의 책, pp.228-230
10) 웨이위안은 『海國圖志』의 집필동기에 관해 서문에서 다음과 같이 분명히 밝히고 있다. "이 책을 왜 썼는가하면, 夷로서 夷를 공격(攻)하게 하고, 夷로서 夷를 달래며(款), 夷의 長技를 스승(師=모범)으로 삼아 夷를 제압(制)하기 위하여 지은 것이

고 쓴 『해국도지(海國圖志)』에 「각국율령(各國律令)」이라는 이름으로 수록되게 된다.11) 이에 따라 『해국도지』는 서구 국제법에 관한 아주 단편적이나마 구체적 내용을 담고 있는 중국 최초의 저서가 되었다.

그런데 이이제이책과 같이 상대방을 이용하는 전략에 익숙하고, 아편전쟁 이전에 이미 린쩌쉬의 경우와 같이 국제법에 주목하여 이를 이용한 선례가 있었음에도 불구하고, 그 후 위기가 심화되어가는 와중에서 중국 측이 국제법에 관해 관심을 기울이지 않은 것은 흥미로운 사실이 아닐 수 없다. 불평등 조약으로서 남경조약이 체결된 이후 국제법이 동시대 중국의 지식인이나 위정자들의 관심을 끌었다는 기록이 나타나는 것은 그로부터 20여 년의 세월이 흐른 뒤 선교사 마틴이 휘튼의 국제법 서적을 한문으로 번역하여 내놓은 상황을 전후해서부터였던 것이다.12) 과연 당대의 대외적 위기상황에서 '국가 간의 교섭 혹은 교제의 방식'을 담고 있던 국제법이 이처럼 철저히 외면당했던 것은 무엇 때문일까. 이것은 당시 중국이 서구국가들과의 관계―그것이

다." 『海國圖志』, 「自序」(第2版 60卷本, 1847)

11) 『해국도지』는 초판이 50권으로 1842년 완성되어 1844년에 간행되었으며, 제2판은 60권으로 1847년에 제3판은 100권으로 1852년에 간행되었다. 바텔 원저의 번역문은 2판에서는 42권에 3판에서는 83권에 수록되어있다. 이에 관해서는 小野川秀美, 『淸末政治思想硏究』(東京: みすず書房, 1969), pp.8-11; 김용구, 앞의 책, 119-124쪽 등을 참조했다. 한편 린쩌쉬가 흠차대신(欽差大臣)에서 물러나면서, 자신이 수집한 자료를 웨이위안에게 전해주면서, 서양세력의 침투에 대한 경각심을 일깨우는 저서의 집필을 종용하게 되는 내용에 관해서는 Leonard, Jane Kate, *Wei Yuan and China's Rediscovery of the Maritime World*(Cambridge: Mass, 1984)가 상세하게 다루고 있다.

12) Hsü, 앞의 책, p.125; Wang, 앞의 책, p.230; 佐藤愼一, 『近代中國の知識人と文明』(東京, 東京大學, 1996), p.202

전쟁이든, 협약이든―를 실제로 진지하게 의식하지 않았던 데서 기인한 것일까, 아니면 반대로 이러한 위기 상황을 의식하면서도 외면하려했던 것일까.

이와 관련하여 가장 먼저 주목하지 않으면 안 될 사실은 "아편전쟁이 영국한테는 국가의 전쟁이었으나, 청국에게는 회민기의(回民起義)나 백련교도(白蓮敎徒)의 난과 같은 지방적인 사건"[13]이었던 반면, 태평천국의 난(1850-1864)이나 염군(捻軍)의 난(1853-1868) 등 중국 사회에 있어 내부문제의 심각성이라는 측면이 외부문제를 현실적으로 압도하는 상황이 존재하고 있었음을 지적해야 할 것으로 생각된다. 중국 전문가 폴 코헨은 이러한 상황에 대해 다음과 같이 지적한 바 있다.

> 19세기 중엽, 서양인은 중국의 연해지대에 산재해 있는 몇 개의 조약항을 획득했다. 이러한 새로운 사태가 중국인의 신경을 거스르는 것이었을지도 모른다. 하지만 청조의 지위와 수억의 중국민중의 생활을 직접 위협하였다는 점에서 본다면, 같은 시기에 발생한 중국 국내의 불안한 정황이 압도적으로 중요했다.[14]

---

13) 浜下武志, 「東アジア國際體系」山本吉宣・渡辺昭夫외 編, 『講座國際政治1卷: 國際政治の理論』 (東京: 東京大學, 1989), p.72

14) Cohen, Paul A., *Discovering History in China: American Historical Writings on the Recent Chinese Past*(New York: Columbia Univ. Press, 1984) 佐藤愼一譯, 『知の帝國主義－オリエンタリズムと中國像』(東京: 平凡社, 1988), p.47

이와 아울러 지적하고 싶은 사항은, 이처럼 내적 모순이 외적 모순을 압도하는 상황이었고, 아울러 본말론(本末論)적인 관점에서 볼 때 전통적으로 중화질서에 있어서 전자의 경우가 후자의 위험보다 훨씬 본질적인 문제라고 간주되었다는 점을 감안하더라도, 당시 중국의 위기가 현실적으로 대내적인 문제와 대외적인 문제가 서로 긴밀히 얽히면서 빚어지는 상황임을 중국의 위정자들이 전혀 인식하지 못했을 리 없다는 점이다. 예컨대 흠차대신 공친왕(奕訢, 1833-1898)의 다음 상주문(上奏文)은 이러한 정황을 잘 담고 있다고 보여진다.

저희들은 오늘날의 정세를 다음과 같이 판단합니다. 태평천국과 염군이 서로 이용하면서 반란을 일으키는 것은 이른바 마음과 배(心腹)가 아픈 것에 해당합니다. 러시아는 우리나라와 국경을 접하고 우리나라를 잠식하려는 야욕을 품고 있어, 팔꿈치와 겨드랑이(肘腋)의 문제라고 말할 수 있습니다. 영국은 통상을 원하면서 포악하여 사람의 도(人道)를 그르치니 이를 제한하지 않으면 우리나라는 자립할 수가 없게 됨으로 팔다리(肢體)의 근심이라 할 것입니다. 따라서 태평천국과 염군의 진압을 최우선해야 하며, 그 다음으로 러시아, 영국의 순으로 대책을 강구해야만 합니다.[15]

15) 『籌辦夷務始末』(咸豊朝) 卷71, 咸豊10年庚申12月壬戌條; 이에 관한 페어뱅크의 묘사에 의하면, "恭親王이 표현한 바와 같이, 反亂은 중국의 치명적인 질병이었고, 洋夷들은 단지 손발의 고통에 불과한 것이었다." Fairbank, J.K. & Reischauer, E. O. & Craig, A.M, *East Asia: The Modern Transformation* (Boston: Houghton Mifflin Company, 1965), p.174; 이러한 공친왕의 표현은 상당히 일반적인 표현인 것으로 생각된다. 예컨대 1861년 당시 熱河問安使行의 副使로서 淸을 방문한 조선의 박규수(朴珪壽, 瓛齋, 1807-1877)도 太平天國軍과 捻軍의 형세가 心腹之患에 해당하는 것이라고 표현하고 있다." 『瓛齋叢書』卷5(서울: 성균관대학 대동문화연구원 편, 1996), 「熱河副使時抵人書」

더욱이 당시 맺어진 조약은 주지하는 바와 같이 요컨대 영사재판권(領事裁判權), 협정관세권(協定關稅權), 편무적 최혜국 조항(片務的最惠國條項)을 포함하는 일방적인 '불평등' 조약이었다. 따라서 비록 우선순위에 밀려 대외적인 문제에 중국의 총 역량을 집결하는 최선의 방책을 취하기는 어려웠겠지만, 중국적 세계질서의 중심에 있던 청국 정부로서는 어떤 식으로든 이에 대한 관심과 나름대로의 대응조치 혹은 적어도 당시의 상황에 대한 정당화의 논리를 펼치지 않을 수 없었을 것이다. 이처럼 상대에 대한 대응의 논리가 필요함에도 불구하고 상대방의 교섭 근거가 되는 서구 국제법에 관한 관심을 기울인 흔적이 보이지 않는다는 것은, 중국의 '당국자'들이 서구국가와 국가 간의 평등한 관계를 전제로 성립한 '조약' 관계, 그것도 독소조항을 포함하고 있는 불평등 조약을 거의 무의식적으로 고유의 중국적 세계질서의 논리 안에서 이해하고 있었고, 그것이 지식인에 이르기까지 일반적으로 수용되었다는 것을 의미한다. 왜냐하면 각각의 불평등한 조항에서 객관적으로 파생될 물질적 손해와 국가적 권위의 손상 등을 고려해 볼 때, 조약의 불평등성이 어디에서 기인하는지에 관한 중국인의 관심이 생기는 것은 당연한 일이고 그것은 결국 국제법에 관한 관심으로 이어질 수밖에 없기 때문이다.

이것은 바꿔 말하면 중국에서 국제법과 관련된 서적이 번역되어야 할 필요성을 구체적으로 느끼기 전까지 불평등 조약으로 받게 될 불이익이 당시 고유한 중국적 세계질서의 논리 안에서는 어떤 식으로든 받아들여질 수 있는 여지가 존재하였음을 의미한다고 할 수 있다. 이와 관련하여 기왕의 연구들을 종합적으로 검토해 보면, 중국 측이 불평등 조약을 중국적 대외질서관의 틀 내에서 긍정적으로 해석할 수 있었던 근거는 대체로 다음과 같이 요약해 볼 수 있다.

영사재판권(consular jurisdiction), 혹은 치외법권(extraterritoriality) 조항은 중국 측에서 보면, 오류를 알지 못하는 서양인이 장기적으로는 교화의 대상이겠지만, 단기적으로는 중국의 고도의 예법을 그들이 이해할 능력이 부족한 이상 사소한 분쟁에 중국이 휘말리는 것이 바람직하지 않다는 점에서 현명한 방식이며, 이것은 예로부터 내려오는 방식의 연장선상에 있다는 것이다. 협정관세권 조항과 관련해서는 전통적으로 중국이 조공국이나 호시국(互市國)에 대해 시혜적인 입장에서 일반적으로 관대한 조처를 취하고 있었기 때문에 보호관세 (protective tariff)와 같은 방식을 실시한 바 없으며, 청국 정부의 입장에서 협정관세율은 과거에 비해 오히려 높은 관세의 획득이 이루어지는 측면이 있다는 것이다. 한편 편무적 최혜국 조항의 경우, 청은 서양의 여러 나라가 중국과의 조약을 통해 획득하게 되는 특권을 기본적으로 천자(天子)가 이적에게 베푼 은혜라고 간주하였기 때문에 어차피 일방적인 성격이 강할 수밖에 없으며, 오히려 상국(上國)인 중국의 편벽되지 않은 공정한 은혜[一視同仁]를 반영하는 것이라는 점에서 별다른 거부감 없이 수용된다는 것이다.16) 이와 관련하여 하마시타 다케시(浜下武志)

16) 이에 관해서는 Hsü, 앞의 책(1960), pp.138-141; Alexandrowicz, "Treaty and Diplomatic Relations between European and South Asian Powers in the Seventeenth and Eighteenth Centuries", *Recueil des Cours*, Vol.2, 1960, pp.207-217; Fairbank, J. K.(ed.), *The Chinese World Order: Traditional China's Foreign Relations*(Cambridge: Harvard Univ. Press, 1968), p.260; 佐藤慎一, 앞의 책, pp.57-59 등을 참조.

의 논의는 무척 시사적이다.

청국 측에서 보면, 조약은 은혜를 베푼 것이지 쌍무적인 이행의무의 규정으로 여겨지지 않았으며, 문제를 지방에서 처리함으로써 중화의 영향이 확대된 것으로 여겼다. 반면에 영국 측은 청국을 '주권'의 보유자로 간주함으로써 국가 간의 관계로서 조약 체결이 행해졌다고 주장하였는데, 실제로는 지방관과의 우회적인 '교섭'이 반복될 뿐이었다. 유럽이 자신의 원리와 주장을 계속 반복한 것은 사실이지만, 이것이 설령 조약이란 표현을 취하더라도 상대방한테는 전혀 다른 문맥으로 받아들여졌다는 것이 된다. 이것은 압력이나 강제에 의한 것이라기보다는, 청국과 러시아, 일본, 유럽 국가들이 화이질서 속에서 상호적인 통상국인 호시국(互市國)으로 취급되었던 것처럼, 이 범주의 연장선상에서 근대 유럽도 위상이 설정되어졌던 것으로 간주할 수 있을 것이다.17)

17) 浜下武志, 『朝貢システムと近代アジア』(東京: 岩波書店, 1997), pp.25-26; 하마시타의 이러한 해석은 조선에서 중국에 연행사절로 다녀 온 인물들의 보고를 통해서도 간접적으로 확인이 가능하다. 그 중 일부만 소개하면, "英咭唎國(영국)이 난을 일으켰는데 이를 절멸시켜 평안케 하는 것을 보지 못하고 돌아왔다. 심각한 걱정거리는 아니지만 소요는 적지 않다"(1841년 3월, 正使 朴晦壽)고 하여, 아편전쟁을 영국이 일으킨 난이자 소요사태 정도로 상황을 파악하는가하면, "전쟁이 끝나고 英夷(영국)와 통상장정을 맺었다"(1842년 12월 齎咨官 李塏)고 하여 남경조약의 성립을 기왕의 통상장정의 차원에서 이해하고 있음을 알 수 있다. 또한 "앞서는 英咭唎(영국)에게 광동 한 곳에서만 호시(互市)를 허락했던 반면, 소요 후에는 네 곳이 늘어났다. 이로 인해 소요의 우려가 없어지고 중외(中外)가 평안하다"(1844년 2월, 書狀官 徐相敎)고 하여 '조약'을 기미책으로 호시무역의 연장선상에서 바라보고 있음을 알 수 있다. 각각은 『日省錄』憲宗 7년 3월 19일자, 憲宗 8년 12월 4일자, 憲宗 10년 2월 6일자에 수록되어 있다.

즉 애초에 조약이 체결된 것이 천하질서의 종주국을 자임하던 청의 입장에서는 이적을 달래서 전쟁을 종결짓기 위한 중국의 전통적 기미책(羈縻策) 내지 회유책의 일환으로 이루어졌으며, 이처럼 조약 당사국 쌍방 간의 일종의 '편의적 오해'가 동반되었다는 사실은 서로가 상대를 각자의 대외질서 관념에 근거하여 자기의 틀 내부에서 사태를 해석하고 있었음을 의미한다고 할 수 있다. 이러한 사실들을 감안해 볼 때, 중국에서 아편전쟁 이후 20여 년 동안 국제법에 관한 관심이 나타나지 않았던 것은 기본적으로 중국 내부 문제의 심각성이 외부 문제에 관한 관심을 압도하고 있었기 때문이며 아울러 서양 각국과의 양국 간 수평적 관계를 전제한 조약의 형식이나 혹은 불평등 조항에서 발생하는 현실적 불이익이 고유한 중국적 세계질서의 논리 안에서 전통적 회유책 내지 시혜의 관점으로 포섭해야 할 문제로 간주되었기 때문이라고 할 수 있다.

하지만 1860년 영불 연합군에 의해 북경이 함락되고 함풍제(咸豊帝, 재위기간: 1850-1861)가 열하로 도망가는 사태[庚申變亂]가 벌어지면서, 서양문제는 청국 정부가 더 이상 미룰 수 없는 가장 중요한 정치적 사안으로 떠올랐다. 1861년 중국이 "외국과의 문제에 대한 책임의 소재를 분명히 하기 위해"[18) 중국 최초의 외교 전담 기구인 총리아문을 만든 것은 이러한 와중에서였다.[19) 다만 총리아문이 관할

18) 『籌辦夷務始末』(咸豊朝) 卷71, 咸豊10年庚申12月壬戌條
19) 1860년 영불연합군의 북경점령을 전후하여 총리아문이 설립되기까지의 과정을 상세하게 다루는 연구로는, 坂野正高,「總理衙門の設立過程」近代中國研究委員會編,『近代中國研究』1輯 (東京: 東京大學, 1958); Banno, Masataka, *China and the West 1858-1861: the Origins of the Tsungli Yamen*

한 것은 '조약'관계를 맺은 국가들과의 관계며 기존의 조공국 등과의 관계는 여전히 예부(禮部)의 관할하에 놓여 있었기 때문에, 중국의 입장에서 보면, 총리아문의 발족은 기존의 중국적 세계질서권 내에 '조약'관계가 명실 공히 등장하는 것을 의미했다. 이후 애로우호전쟁에서 강화를 주도하였던 공친왕파가 궁정 쿠데타로 실권을 장악하면서 국내정국의 상대적 안정과 열강들의 '협력정책(cooperative policy)'이라는 국제적 조건을 배경으로 하여, 중국의 대외관계에서 서구제국과의 관계가 차지하는 비중은 급속히 증가하게 된다. 공친왕 등의 다음 상주문은 조약관계의 중요성을 아래와 같이 지적한다.

> 이제 우리에게 당면한 일은, 조약을 준수하고, 조약에서 규정되어있는 것 이외에는 조금도 양보하지 않으며, 표면상으로는 신뢰와 친목을 돈독히 하고, 은밀히 교묘한 꾀로 도모해 간다면, 앞으로 수년 간 설령 예기치 않은 요구가 있다 하더라도, 느닷없이 커다란 해악을 초래할 일은 없으리라고 생각됩니다.[20]

이러한 사고는 요컨대 '스스로가 조약을 지키는 것이야말로 구미제국으로 하여금 조약을 준수하게 하는 일종의 억지력이 될 수 있다'는 의식이 위정자들의 일각에서 생겨나고 있음을 반영한다고 할 수 있다. 이처럼 당국자들이 조약이 갖는 중요성을 자각하기 시작하면서 서구국가 간의 교제 및 교섭방식 등에 관한 구체적인 관심이 생겨나는 것은 너무도 당연한 것이었다. 공친왕의 다른 상주문에는 이에 관한 관심이

(Cambridge: Harvard Univ. Press, 1964)을 참고.
20) 『籌辦夷務始末』(咸豊朝) 卷71, 咸豊10年庚申12月壬戌條

다음과 같이 생생하게 묘사되어 있다.

외국인들은 중국 문자를 깊게 학습하고 중국의 서적도 또한 탐색하여, 중국과 어떠한 사건이 발생하여 논쟁하는 경우 중국의 전제(典制)와 율례(律例)를 그 전거(典據)로 들어서 우리를 당혹스럽게 합니다. 그러나 중국은 외국인들에게 논박하려 할 때, 외국문자를 알 수 없어서 외국의 관례나 선례들을 전거할 수 없으니 통탄스러운 일이 아닐 수 없습니다. 동문관(同文館)의 학생들이 외국문자를 통달하기에는 아직 시간이 필요합니다. 신(臣) 등이 여러 국가들이 서로 간에 불화가 생겨났을 때 어떻게 하는지를 여러모로 조사해 본 바에 의하면, 외국인들에게는 『만국율례(萬國律例)』와 같은 서적이 있음을 알게 되었습니다. 그러나 우리가 그것을 찾아 외국인들에게 번역해줄 것을 요구하면, 그들이 숨기고 드러내지 않을까 걱정입니다.[21]

더욱이 흥미로운 사실은 총리아문이 거둔 최초의 외교적 승리가 바로 아직 발간되지 않은 마틴의 번역 원고를 원용해서 이루어졌다는 점이며, 그것이 바로 국제법 서적이 번역되어 간행될 필요성을 구체적으로 확인시켜주는 계기가 되었다는 점이다.[22] 공친왕은 상주문에서 다음과 같이 국제법 번역서의 유용성을 인정하고 간행을 촉구하고 있다.

21) 『籌辦夷務始末』(同治朝) 卷27, 同治3年甲子7月丁卯條
22) 1864년 프러시아와 덴마크 간의 전쟁에 중국이 연루되어 일어난 외교적 분쟁에서 마틴이 번역한 원고의 초고가 사용되는 보다 자세한 경위에 관해서는, Hsü, 앞의 책, pp.132-134; Wang, Tieya, 앞의 책, pp.232-234를 참고.

지난(1863년) 9월 아메리카 공사 버링게임(蒲安臣, Burlingame, Anson)이 마틴을 데리고 나타나『만국율례(萬國律例)』네 책을 증정하였습니다. 그들이 말하는 바에 따르면, 이 책은 조약을 체결한 나라가 모두 주의하지 않으면 안 될 내용이며, 외국과의 사이에 사건이 생겼을 경우에는 참고하여 원용할 수 있다는 것이었습니다. [……] 신(臣)등이 이 책을 조사해보니, 대체로 그 내용은 동맹이나 전쟁에 관한 것이며, 전쟁 시에는 적을 제압하거나 구속하는 데 지켜야할 것들이 적혀있었습니다. [……] 외국율례에 관한 책이 중국제도와 완전히 합치되는 것은 아니지만, 그럼에도 불구하고 거기에는 우리가 역시 채택할 만한 것이 있습니다. 예컨대 본년 프러시아가 텐진의 해구(海口)에서 텐마크 선박을 억류한 사건이 있어서 신 등은 이 율례중의 말을 은밀히 채용하여 프러시아에 변론해 보았습니다. 그랬더니, 프러시아 공사 레퓨스(李福斯, von Rehfues)는 곧 착오를 인정하고는 더 이상의 변명 없이 수긍하였습니다. 이것은『만국율례』가 유용하다는 하나의 증거라고 할 것입니다.[23]

이러한 우여곡절 끝에 마틴이 번역한 원고가 중국인 조력자들의 교정 작업을 거쳐 동문관[24]에서『만국공법』이라는 제목으로 300부가 간행된 것은 1864년 겨울이었다.[25] 이 책에는 두 개의 서문이 달려

[23] 『籌辦夷務始末』(同治朝) 卷27, 同治甲子3年7月丁卯條
[24] 동문관(同文館)은 1862년 총리아문에 부설된 중국 최초의 관립양학교(官立洋學校)로서 양무운동의 심벌 중 하나라고 할 수 있다. 주로 인재의 육성과 양서(洋書)의 번역에 종사했다. 동문관과 마틴의 관계 등에 관해서는 伊原澤周,『日本と中國における西洋文化攝取論』(汲古書院, 1999), pp.251~348에서 상세하게 논의되고 있다.
[25] 마틴은 1850년 장로교 선교사의 자격으로 중국 영파(寧波)에 건너온 후 일생을 중국에서 보냈다. 그는 영파에서 체류하면서 중국의 지식인들이 갖고 있던 기독교에 대한 편견을 고치겠다는 의도하에 1854년에는『천도소원(天道溯源)』(*A Book on the*

있는데 그 내용이 상징적인 의미를 담고 있다고 여겨지므로 그 내용을 간략하게나마 살펴보기로 하자. 먼저 통쉰(董恂)이 짧게 부친 서문을 보면,

　　오늘날은 중국 이외에 나라가 수풀처럼 많이 존재한다. 만일 그들을 다스릴

Evidence of Christianity)이라는 책을 간행하였으며, 1858년에는 아메리카 공사 리드(William B. Reed, 列衛廉)의 통역으로서 천진조약에 참여하기도 하였다. 마틴은 『만국공법』을 간행한 후, 1865년부터 동문관에서 영어와 국제법 등을 담당하는 교사로 근무하였으며, 1869년에는 당시 중국의 총세무사(=稅關長)였던 영국인 하트(Robert Hart, 赫德, 1835-1911)의 추천으로 동문관의 총교습(總敎習=교장)이 되어 25년 간 재임했다. 마틴이 특히 국제법 서적의 소개에 노력한 기본적인 이유는 그가 '기독교 문명의 가장 중요한 성과(the best fruit of Christian civilization)'라고 생각하는 국제법을 통해서, '서양에도 하나님의 정의와 이성에 입각한 보편적인 성격을 지닌 교제의 규칙들이 국가 간에 통용되고 있음'을 보여주는 것이었다고 할 수 있다. 그는 국제법의 번역이 이질적인 세계라고 간주되던 쌍방 간에 상호 소통할 수 있는 길을 제시하는 것이라고 믿었다. 이러한 마틴의 의도가 최종적으로 한자문명권에의 기독교 포교에 있음은 두말할 나위가 없을 것이다. 그가 국제법의 번역이 성경의 번역 다음으로 중요하다고 확신한 것은 그의 이러한 신념에서 비롯되었다고 할 수 있다. 마틴이 동문관의 영어표기로서 'International Law and Language School'이라고 표현하는 것을 좋아했다는 것도 동일한 이유에서라고 할 수 있다. 마틴은 동문관 재임기간 중 국제법 관련 서적의 번역을 비롯하여 『格物入門』(1868), 『西學考略』(1883), 『中國古世公法論略』(1884) 등을 남겼다. 이후 마틴은 1898년 북경대학의 전신인 경사대학당(京師大學堂)의 초대 총장을 2년 간 역임했다. 마틴에 관해서는, Martin, W.A.P, A Cycle of Cathay(New York: Fleming H. Revell, 1897); Duus, Peter, "Science and Salvation in China: The Life and Work of W.A.P. Martin" Liu, Kwang Ching(ed.), American Missionaries in China(Cambridge: Harvard Univ. Press, 1966); Covell, Ralph, W.A.P. Martin, Pioneer of Progress in China(Washington, D.C., 1978) 등을 참조.

법이 없으면 어찌 그 나라들이 존재할 수 있겠는가. 이것이 바로 丁韙良
(Martin) 교사가 만국공법을 번역한 이유이다.26)

라고 되어 있어, 만국이 병립하는 새로운 국제사회에는 마치 자연에
질서가 존재하는 것처럼, 국가 간의 관계를 규율하는 보편적인 법규범
의 체계가 주어져 있다는 인상을 준다. 여기에 이어지는 장쓰구이(張斯
桂)가 쓴 서문은 전반적으로 동일한 논의를 하면서도, 오늘의 형세가
춘추시대의 만국병립현상과 동일한 형국이며 중국은 여전히 세계의
중심이라는 것, 그리고 자연법적 성격이 강한 만국공법은 원래 중국에
서 서구로 전래된 것이었는데, 그것을 마틴이 다시 번역하였으니 중국
인이 편벽되지 않은 일시동인(一視同仁)의 관대함으로『만국공법』을
살펴보면 나라를 방어함에 도움 되는 바가 적지 않을 것이라고 지적하
고 있다.27)

일찍이 천하의 형국을 살펴보니, 중화는 으뜸이 되는 곳이라서, 온 세상이
모두 다 모이고 만국이 찾아오니 아득히 먼 곳에서부터 오지 않은 바가
없었다. 이렇게 외부에 있는 여러 나라들은 옛날 춘추시대의 대열국(大列
國)과 크게 닮았다. [……] 지구상의 판도를 살펴보니 크고 작은 나라가

26)『萬國公法』,「董恂之序」, "今九州外之國林立矣. 不有法以
維之, 其何以國. 此丁韙良敎師, 萬國公法之所由譯也."
27) 같은 책,「張斯桂之序」, "間嘗觀天下大局, 中華爲首善之
區. 四海會同, 萬國來王, 遐哉勿可及 已. 此外諸國一春秋時大
列國也.(中略) 統觀地球上版圖, 大小不下數十國, 其猶有存焉
者. 則恃其先王之命載在盟府, 世世守之, 長享勿替有渝此盟, 神
明殛之. 卽此萬國律例一書耳. 故西洋各國, 公使大臣水陸主帥
領事繙譯敎師商人. 以及稅務司等, 莫不奉爲蓍蔡. 今美利堅敎
師丁韙良, 繙譯此書, 其望我中華之曲體其情, 而俯從其議也. 我
中華一視同仁, 邇言必察行見."

수십 개가 넘는다. 그런데 그들이 아직까지 어떻게 존재할 수 있는 것인가. 이는 다행히 선왕(先王)의 명령을 맹부(盟府)에 실어 의지하며, 변함없이 대대로 이를 지킨 덕분이었다. 이러한 맹약을 깨뜨리는 자가 있으면 천지신명이 이를 용서하지 않았다. 즉 이 『만국율례』라는 한 권의 책은 바로 그 맹약을 담고 있는 책이었다. 그러자 서양각국에서 [……] 이를 '번역'하여, 모두가 이를 지켰다. 지금 미국인 교사인 丁韙良(마틴)이 이 책을 (역수입하여) '번역'하는 것은 우리 중화가 몸을 숙여 그러한 사정과 논의를 이해하고 따르기를 바라기 때문이다. 우리 중화는 일시동인(一視同仁)의 관대함으로 이 책을 깊이 천착하여야 할 것이다.

환언하면 『만국공법』은 '좋은 것'일 뿐만 아니라 '원래 자기 것'이었다는 논리이다. 이는 천하질서의 중심이자 '문명으로서 중화'를 자부하던 청국의 지식인들이 스스로의 문명 기준에 집착하는 정황을 여실히 반영하는 것이라고 볼 수 있다. 한편 마틴은 이 책에 붙인 범례에서 『만국공법』이 모든 나라에 공통으로 통용되어야 할 보편적인 법규범이며, 자신의 개인적인 의견은 당연히 들어 있지 않으며 명쾌한 번역이되는 데 주력했다고 언급하였다.

이 책은 조례를 기록한 책으로서, 만국공법이라고 부른다. 이것은 여러 나라들에 통용되는 것으로서 어느 한나라가 사사로이 어찌할 수 없는 것이다. 또한 이 책은 각국의 율례와도 닮았다는 점에서 '만국율례'라고도 부른다. [……] 역자는 오로지 그 정밀한 뜻만을 추구하여 감히 자신의 견해를 덧붙이지 않았다. 원서에 있는 조례는 모두 수록하였으나 다만 그 이끌어 낸 증거들이 너무 번잡한 곳은 약간 삭제하였다.[28]

28) 같은 책, 「凡例」, 是書所錄條例, 名爲萬國公法, 盖係諸國通
行者, 非一國所得私也. 又以其與各國律例相似, 故亦名爲萬國

[표1-1] 「중국의 同文館에서 漢譯되어 간행된 국제법 서적」

저자	번역자	원서명(초판) 및 번역에 이용된 판본	한역제목	간행년도
Henry Wheaton (惠頓, 1785–1848)	W.A.P. Martin (丁韙良, 1827–1916)	*Elements of International Law*(1836)/1855년 제6판	万国公法	1864
Charles de Martens (馬爾頓, 1790–1863)	聯芳, 慶常	*Le Guide Diplomatique; précis des droits et des fonctions des agents diplomatiques et consulaires* (1832)/1866년 증보판	星軺之掌	1876
Theodor D.Woolsey (吳爾璽, 1801–1899)	W.A.P. Martin	*Introduction to the Study of International Law* (1860)/1874년 제4판	公法便覽	1877
Johann C. Bluntschli (步倫, 1808–1881)	W.A.P. Martin	*Das moderne Völkerrecht der civilisierten Staaten als Rechtsbuch dargestellt* (1868)/프랑스어 판본	公法會通	1880

[표1-1]은 마틴의 손을 거쳐 동문관에서 번역되어 나온 국제법 관련 저서들을 필자가 직접 조사하여 정리한 것이다.29) [표1-1]에서도 확인할 수 있듯이, 『만국공법』은 번역되어 출간된 이후 십여 년 이상을 중국인에게 국제법 지식의 유일한 공급원으로서의 역할을 담당했다.

律例云. [……] 譯者惟精義是求, 未敢傍參已意. 原書所有條例, 無不盡錄, 但引證繁冗之處, 少有刪減耳.

29) 동문관에서 간행된 국제법 서적 이외에 중요한 것으로는 강남기기제조국(江南機器制造局)에서 1894년 청일전쟁기에 간행한 『各國交涉公法論』을 들 수 있다. 이 책은 영국인 국제법 학자 필모어(Robert Phillimore, 羅巴德, 費利摩)의 *Commentaries upon International Law: Private International Law of Comity*(London: W.G.Benning and Co., 1854, 1879)을 프라이어(John Fryer, 傳蘭雅) 등이 완역한 것인데, 청말에 번역되어 소개된 국제법 서적 중 가장 방대한 내용을 담고 있다.

『만국공법』의 간행과 더불어 새로이 등장한 '만국공법'이라는 용어의 일종의 원형적 이미지는 후일 정관잉(鄭觀應, 1842-1922)의 『이언(易言)』(1880-36편본, 1882-20편본)의 제1편인 「논공법(論公法)」에 집약되어 드러난다. 정관잉은 "대제국이 횡포를 부릴 때에 타국이 서로 우호를 다지면서 안정을 찾을 수 있는 것은 만국공법을 믿고 따르기 때문이다. 공법의 '공(公)'이란 어떤 한 나라가 그것을 사사로이 할 수 없다는 것이며, '법(法)'이란 것은 각국이 함께 그 법을 행한다는 것"이라고 지적하면서, 역사적 전환기에 놓여있는 천하가 지탱하는 근거를 만국공법에서 찾고 있다. 그리고 이어서 다음과 같이 말한다. "만국공법을 구성하는 명시적이거나 묵시적인 성법(性法=자연법)이나 예법(例法=실정법)은 이성과 정의를 그 준승(準繩=기준)으로 삼고 있다". "감히 공법을 배반하고, 강하다고 하여 약한 이를 업신여기거나, 무언가를 빙자하여 폭력을 저지르는 자 있거든 각국이 회동하여 응징해야할 것이다".30)

4. 중화질서의 '현상유지책'으로서 만국공법의 활용

총리아문의 지원으로 동문관에서 서양의 국제법 서적이 간행된 이후, 청은 비로소 '만국공법'이라는 구미의 새로운 문명 기준에 접할 수 있게 되었다. 그러나 흥미롭게도 청이 만국공법을 적극적으로 수용했다는 흔적은 지적인 의미에서든 정치적 의미에서든 찾아보기 어렵다.

30) 鄭觀應, 『易言』第1篇, 「論公法」

이러한 사실은 같은 시기의 일본의 경우와 비교해보면 흥미로운 문제라고 하지 않을 수 없다. 휘튼의 국제법 저서는 중국에서 『만국공법』이라는 제목으로 번역되어 출간된 직후에 일본에 바로 수입되어 막부의 개성소(開成所)에서 번각본(飜刻本)으로 출간되었다.

> 막말(幕末)의 2대 베스트셀러는 뭐니뭐니해도 후쿠자와 유키치의 『서양사정(西洋事情)』과 휘튼의 『만국공법』입니다.31)
> 지금까지 나라 문을 닫고 살아오던 우리 국민은 처음 각국의 교통에도 조규가 있다는 것을 알아 식자(識者)들은 다투어 이 책을 읽는 모습이었다.32)

하지만 이 한역서가 다루는 내용은 너무도 생소하여 난해하기 이를 데 없는 것이었다. 이후 이 책에 대한 주석을 붙이거나 이를 다시 일본어 특히 일상의 구어체로 번역한 것, 혹은 직접 휘튼의 저작을 번역한 작품이 속속 출간되어 당대에 얼마나 주목받고 있었는지를 방증해 준다. [표1-2]는 일본에 번역되어 소개된 휘튼의 저작 *Elements of International Law*만을 조사하여 표로 나타낸 것이다.

그러면 일본과는 대조적으로 중국에서 국제법에 관한 천착이 본격적으로 이루어지지 못한 이유는 무엇이며 거기에 담긴 문명사적 함의는 무엇일까. 『만국공법』이 간행된 이후에도 이에 관한 본격적인 논의가 이루어지지 않은 가장 직접적인 이유는, 앞서 공친왕의 상주문에서

---

31) 丸山眞男, 加藤周一, 『翻譯と日本の近代』(岩波, 1998), p.119
32) 尾佐竹猛, 『近世日本の國際觀念の發達』(共立社, 1932), p.34

[표1-2] 메이지유신 전후 일본에 간행된 휘튼의 국제법 저서에 관한 번역서 일람

간행년도	번역서명	번역자	특기사항
1865	『萬國公法』	마틴	和裝6冊
1868	『萬國公法釋義』	堤穀士志	4冊, 마틴의 漢譯의 日譯, 原文의 제2권 제2장 제3절까지
1868	『交道起源 一名 萬國公法全書一號』	瓜生三寅	和裝3冊, 휘튼의 英文原著를 직접 翻譯, 제1권 제1장 제12절까지
1870	『和譯萬國公法』	重野安繹	和裝3冊, 마틴의 漢譯原文과 日譯을 함께 수록. 제1권 제2장까지
1875	『萬國公法』(始戰論)	大築拙藏	和裝2冊, 司法省 메이지寮의 명령에 의한 것, 휘튼의 英文原著를 직접 번역한 것으로 제4권제1장의 전쟁개시 부분을 번역한 것 이무렵 臺灣정벌이 이루어짐에 따라 출판됨
1876	『萬國公法蠡管』	高谷龍注	和裝8冊, 마틴의 漢譯을 싣고 필요에 따라 漢文에 註釋을 붙인 것
1882	『惠頓氏萬國公法』	大築拙藏	洋裝1冊, 司法省의 명령에 의해 휘튼의 英文原著를 직접 完譯한 것

살펴보았듯이, 만국공법 자체가 어디까지나 처음부터 서양제국을 견제하기 위한 도구라는 전략적 차원에서 수용되었기 때문일 것이다. 이것은 역설적이지만 만국공법의 수용이 제한적인 수준에 머무를 수밖에 없는 구체적인 이유가 된다고 생각된다. 이처럼 '지피지기(知彼知己)'의 전략적 차원에서 이이제이적 의도를 가지고 간행된『만국공법』이었던 만큼, 역설적으로 대외관계에서의 참고문헌이자 실무적 지침서 이상의 의미를 발견하기는 어려웠을 것이기 때문이다. 한편 이와 관련해서 덧붙여 두고 싶은 것은, 앞서 잠시 언급한 바와 같이 '조약체제'로 대변되는 서구제국과의 관계도, 중국의 입장에서 볼 때 상황에 따른 임기응변적 적응이라는 성격을 지닌다는 사실이다. 이와 관련하여

쉬(Hsü)의 논의는 대단히 시사적이라고 생각된다.

> 역사적으로, 중국인들은 외부로부터 나타나는 문제는 항상 내적 취약성에
> 서 비롯된 것이라고 느껴왔다. 만일 중국이 강하다면 야만인들의 문제가
> 부상하기 전에 벌써 해결되었을 것이다. 그러므로 자강(自强)은 마음에
> 내키지 않는 조약 규정의 부분적인 폐지보다 야만인으로부터 야기된 문제
> 를 해결하는 더욱 중요하고 기본적인 해결책이 아닐 수 없었다. [……]
> 그러므로 동치기(同治期, 1861-1874) 청의 외교정책은 조약의 준수와
> 아울러 실책(faux pas)을 피하는 것이었다. 이러한 접근방식은 좋은 결과를
> 낳기도 하였으나 그것은 근본적으로 더할 나위 없이 방어적인 것이어서,
> 불평등 조약의 폐지와 같은 국민적 운동에 필요한 적극적이고 역동적인
> 정신을 결여하고 있었다.[33]

조약관계를 둘러싼 이처럼 소극적이고 방어적인 태도는, "조약이
비록 비용이 들기는 하지만 야만인들을 일정한 경계 안에 묶어두기
위하여, 인내심을 가지고 준수해야 할 필요악"[34]이라고 간주하던 중국
인들의 인식과 맞물려 있다고 할 수 있다. 따라서 중국이 조약을 현실적
으로 이행하려는 의지가 있다고 해서, 그것이 서구제국과의 조약관계를
지탱하는 내재적 가치 및 원리를 전면적으로 수용하겠다는 것은 아니었
던 것이다.

하지만 청이 만국공법에 대해 소극적인 태도를 보였던 데는 보다

---

33) Hsü, 앞의 책, p.144
34) Wright, Mary C., *The Last Stand of Chinese Conservatism: The T'ong-chih Restoration, 1862-1874* (Stanford: Stanford Univ. Press, 1957), p.232

본질적인 차원의 문제가 놓여 있었다는 사실을 간과해서는 안 된다. 그것은 앞서 지적한 바와 같이 만국공법 곧 서구의 근대 국제법이 청으로서는 근본적으로 수용하기 어려운, 이른바 '국가평등 관념'에 근거한 '주권국가'라는 행위자를 전제로 하여 구축된 국가 간 질서체계라는 사실과 관련된다. 이러한 사정은 『만국공법』의 구성과 그 내용을 통해 쉽게 확인할 수 있다. 휘튼의 원저와 『만국공법』의 차례를 비교하면 [표1-3](p.46)과 같다.35)

35) 마틴이 번역한 휘튼의 저서는 국제법의 발전과정에서 특별한 역할을 했던 것으로 평가되고 있다. 우선 그의 저작은 국제법에 관한 연원을 비롯하여 국제법의 주체, 국가의 다양한 기본권, 평시 및 전시에 있어 국가의 권리 등 국제법의 전체상을 최초로 체계적으로 제시하였다는 점 자체만으로도 주목될 수 있을 것이다. 더욱이 휘튼은 『전쟁과 평화의 법(De jure belli ac pacis)』이 발간 직후 로마의 교황청에 의해 금서로 낙인찍히면서 국제법학사에서 그 비중이 크지 않았던 그로티우스를 발굴하여 복원시킴으로써 국제법의 시조로서의 그로티우스 신화를 만드는 데 결정적인 역할을 하였다고 평가되기도 한다. 뿐만 아니라 헤겔(G. W. F. Hegel, 1770- 1831)의 국가에 관한 견해를 승인론에 접목시켜, 절대적 존재인 국가는 다른 기왕의 절대적 존재에 의해 인정을 받아야 비로소 국제사회에 주체로서의 자격이 주어질 수 있다는 이른바 승인의 '창조적 효과설'을 최초로 창안해냈다는 사실 등도 함께 기억해둘만 하다고 생각된다. 한편 휘튼은 '국제법은 문명국인 기독교 국가 간의 법'이라는 입장을 줄곧 견지하였는데, 중국을 비롯한 일부 비(非)기독교 국가들에 관한 언급들이 휘튼의 저서에 등장하는 것은 삼판(1846) 이후부터인 것으로 알려져 있다. 이러한 점들을 고려한다면, 주권국가의 요건으로서 '문명', 이를 뒷받침하는 제도로서의 '승인'이라는 국제법의 틀이 휘튼에 이르러서 비로소 갖추어졌다고 할 수 있을 것이다. 이에 관해서는 Nussbaum, Arthur, 앞의 책; Gong, Gerrit, 앞의 책, pp.27-28; 松隈清(마쓰쿠마 기요시), 『國際法史の群像』(東京: 酒井書店, 1992); 김용구, 앞의 책, pp.53-61 등을 참조했다.

한자문명권에서 오늘날 사용하는 의미의 주권이라는 신생어는 마틴의 『만국공법』을 통해 최초로 사용되기 시작한 것이었다.36) 이에 관해서는 『만국공법』이 근대적인 서구 국제질서의 행위 주체인 주권국가의 권리와 규범 등을 다루는 책이라는 점을 상기해 볼 필요가 있을 것이다. 전술한 바와 같이 서구 주권국가로부터의 승인을 통해 국제사회의 행위주체인 주권국가로서 인정받지 않으면 비서구국가는 국제사회에서 국가의 권리를 향유할 수 없다. 그런데 대내적인 최고성과 배타적인 독립성을 기본 특징으로 하는 주권이라는 개념을 청이 천하질서 내의 예외적인 일부로서 그저 포용하는 형태로서가 아니라 있는 그대로 수용한다는 것은, '제국으로서 중화'라는 정치적 관점에서 보면, 기왕의 중국적 세계질서의 '해체'를 의미하는 사태나 마찬가지라는

36) 이에 관해서는 Chiu, Hungdah, "The Development of Chinese International Law Terms and the Problem of Their Translation into English" in Jerome Alan Cohen(ed.), *Contemporary Chinese Law: Research Problems and Perspectives*(Cambridge: Harvard Univ. Press, 1970), p.142; マジーニ·フェデリコ, 「宣教師が中國語に與えた影響について」 挾間直樹編, 『西洋近代文明と中華世界』(京都: 京都大學, 2000) 등을 참조. 다만 휘튼과 원저와 마틴의 『만국공법』을 대조해보면, Sovereingty라는 용어가 『만국공법』에서 主權, 自治自主之權, 自主之權, 管轄之權, 國權 등 문맥에 따라 다양하게 한역(漢譯)되었다는 점에 주목할 필요가 있다. 이러한 사실은 주권이라는 용어가 확고하게 정착되기 전에는 동아시아 문명권에서 다양한 용어로 불렸을 가능성을 강력하게 시사해준다는 점에서도 대단히 중요하다. 이러한 사실이 19세기 후반 조선의 정치 외교사에서 갖는 의미에 관해서는 강상규, "조선의 대내외 정세인식과 대한제국 외교의 배경", 한영우 편, 『대한제국은 근대국가인가』(푸른역사, 2006), p.317, 각주 14번을 참고할 수 있다.

[표1-3] 휘튼의 *Elements of International Law*와 번역본 『萬國公法』의 차례

Part I. Definition, Sources, And Subjects of International Law
第1卷 釋公法之義明其本源題其大旨

Ch.1. Definition and Sources of International Law
第1章 釋義明源
Ch.2. Nations and Sovereign States
第2章 論邦國自治自主之權

Part II. Absolute International Rights of States
第2卷 論諸國自然之權

Ch.1. Rights of Self-preservation and Independence
第1章 論其自護自主之權
Ch.2. Rights of Civil and Criminal Legislation
第2章 論制定法律之權
Ch.3. Rights of Equality
第3章 論諸國平行之權
Ch.4. Rights of Property
第4章 論各國掌物之權

Part III. International Rights of States in Their Pacific Relations
第3卷 論諸國平時往來之權

Ch.1. Rights of Legation
第1章 論通使
Ch.2. Rights of Negotiation and Treaties
第2章 論商議立約之權

Part IV. International Rights of States in Their Hostile Relations
第4卷 論交戰條規

Ch.1. Commencement of War and its Immediate Effects
第1章 論戰始
Ch.2. Rights of War as between Enemies
第2章 論敵國交戰之權
Ch.3. Rights of War as to Neutrals
第3章 論戰時局外之權
Ch.4. Treaty of Peace
第4章 論和約章程

점에서 청의 근본적인 딜레마가 있었던 것이다. 따라서 청이 이러한 내용을 담은 『만국공법』을 전면적으로 받아들인다는 것은 중화질서의 포용력의 한계를 넘어선다는 점에 주목할 필요가 있다.

게다가 만국공법으로 표상되는 서구의 문명 기준을 전면적으로 수용한다는 것은 기왕의 '화이 관념'에 입각해 보면, 중국인들은 지금까지 중화문명권에서 문명의 정수를 구현하며 문명 기준을 제공하던 화(華)의 입장에서 새로운 문명 기준인 유럽 기독교 문명에 의해 스스로를 재편해야 하는 이(夷)의 입장으로 전락하는 것을 의미하는 것이기도 했다. 왜냐하면 화이 관념의 이념적 차원에서 보면 "화와 이의 관계란 문명의 완전태와 결여태의 관계에 다름 아니기" 때문이다.37) 따라서 이민족들에 의해 수차례 정복당하는 와중에서도 수천 년 간 문명의 중심을 견지하던 '중'국인들로서 이러한 상황은 유례를 찾아볼 수 없는 '역사적 단절'이자 스스로 정체성의 근간을 흔들어 놓는 상황이라고 느끼지 않을 수 없으며 어떤 의미에서는 청조(淸朝)의 흥망성쇠를 넘어서는 상상하기조차 어려운 사태가 아닐 수 없었다.

이처럼 문명사적 전환기에 청의 위기의식을 구성하는 내용이 문명 중심을 자부하던 중국인들의 정체성과 깊숙이 관련되어 있다고 생각되는 것은, 청이 대표적인 불평등 조항들은 별다른 저항 없이 수용하였으면서도, 다수의 동심원의 형태로 되어 있던 천하질서의 공간적 중심이라고 할 수 있는 북경에 외국 사절이 상주하는 문제와38) 천자의 절대적

---

37) 佐藤愼一, 앞의 책, p.53

38) 天下질서가 다수의 동심원의 형태로 구성되어있다고 파악한 견해에 관해서는 浜下武志, 『近代中國の國際的契機—朝貢貿易システムと近代アジア』(東京: 東京大學, 1990); 『朝貢システムと近代アジア』(東京: 岩波書店, 1997) 등을 참고할 수 있다.

권위를 불가피하게 상대화할 고두지례(叩頭之禮)의 폐지에 대해서는 완강하게 거부하였던 사실들을 통해서도 분명히 확인할 수 있다.[39]

아주 예외적인 경우이긴 하지만, 세계의 급박하게 변화하는 대세를 감지한 몇몇 인물들은 시대의 대세라고 할 수 있는 만국공법 질서로의 패러다임 전환이라는 상황을 적극적으로 수용하지 못하는 중국에 대한 비관적인 전망과 아울러 새로운 문명의 패러다임으로 전환할 것을 주장하는 입장을 취하기도 하였다는 점에서 주목할 만하다. 예컨대 최초로 영국의 주재공사가 된 궈쑹타오(郭嵩燾, 1818-1891)는 "서양이 국가체제를 갖춘 지 이천년이며, 정치와 교화(敎化)가 정비되어, 본말(本末)을 겸비하고 있다"[40]는 인식을 갖게 되면서, 중국의 정교(政敎)와 풍속이 이적의 그것만 못하다는 결론에 이르게 된다.

> 근년 영국, 프랑스, 미국, 독일 등 모든 대국들이 일어나 서로 강함(雄)을 칭하면서도 만국공법을 만들어 신의를 서로 앞세우고 나라 교제의 도리를 심히 중하게 여긴다. 그들은 정을 나누며 예를 극진히 하여 '질(質)'과 '문(文)'을 구비하고 있으니 춘추시대 열국들의 관계에 비해 훨씬 우수하다고 여겨진다. [……] 그리고 서양에서 나라를 세우는 데에는 본말이 있는데, 실로 그 도를 얻어 부강해지게 되면 천년동안 나라를 보존하는 것이 가능하리라. 그러나 그 도를 얻지 못하면 그 화가 미쳐 정반대의 상황이 될 것이라.[41]

---

39) 북경상주사절 문제와 고두문제를 둘러싼 중국 측의 집요한 집착과 이와 관련된 구체적인 갈등과 정치적 긴장관계에 관해서는 Hsü, 앞의 책, Chs.2-7에 상세하게 다루어져 있다.

40) 郭嵩燾, 『使西紀程』(光緒2년 11월 18일); 佐藤愼一, 앞의 책, p.79에서 재인용

41) 『使西紀程』光緒2年12月初6日, 郭嵩燾, 『倫敦與巴黎日記』(長沙: 岳麓書社, 1984), p.91; 佐藤愼一, 앞의 책, p.78을 함께

삼대(三代) 이전에는 오로지 중국만이 교화(敎化)가 있어서, (미개한 나라에 대해서는) 요복(要服), 황복(荒服)이란 호칭이 있었으니 중국으로부터 먼 곳은 하나같이 이적이라고 불렀다. 한나라 이후 중국의 교화가 날로 서서히 쇠하여지는 반면 정교와 풍속은 유럽 각국이 이내 홀로 뛰어난 경지에 이르게 되었다. 그들이 오늘날 중국 보기를 역시 삼대에 번성할 때 중국이 이적을 보는 것과 같이 한다. 중국 사대부 중에 이러한 이치를 아는 자가 아직 없으니, 아, 슬프도다![42]

또한 앞서 잠시 언급한 바 있는 정관잉 역시 『이언』의 「논공법」 편에서 당대의 상황을 일대 격변기라고 규정하고 "만국공법이란 반드시 자국을 만국 중 하나의 나라라고 간주했을 때만 비로소 작동하는 것이며, 따라서 청도 이제 스스로가 세계의 중심이라는 '중'국이라는 의식을 버리고 만국 중에 일국의 자격으로서, 열강의 사신들과 함께 중국 자신의 율례와 만국공법 간의 같은 점과 다른 점을 서로 의논하여,

참조; 近年英法俄美德 諸大國角立稱雄, 創爲萬國公法, 以信義相先, 尤重邦交之誼. 致情盡禮, 質有其文, 視春秋列國殆遠勝之 [……] 而西洋立國自有本末, 誠得其道, 則相補以致富强, 由此而保國天年可也. 不得其道, 其禍亦反是. 궈쑹타오의 일기가 그의 양해 없이 총리아문에서 간행된 것이 『使西紀程』이다. 궈쑹타오는 이 글을 간행한 이후 반역자라고 규탄되어 불가불 귀국하지 않을 수 없었고 이후 여생을 고향에 칩거하면서 지내게 된다. 坂野正高, 앞의 책, pp.291-292; 김용구, 앞의 책, pp.137-140
42) 佐藤愼一, 앞의 책, p.53 郭嵩燾, 『使西紀程』光緒4年2月初2日, 『倫敦與巴黎日記』(長沙: 岳麓書社, 1984), p.491, 김용구, 1997, p.139에서 재인용. 三代以前, 獨中國有敎化耳, 故有要服荒服之名, 一皆遠之于中國而名曰夷狄. 自漢以來, 中國敎化日益微滅, 而政敎風俗, 歐洲各國乃獨擅其勝. 其視中國, 亦猶三代盛時之視夷狄也. 中國士大夫知此義者尙無其人, 傷哉.

같은 것은 서로 지키고 다른 점은 서로 비교하여 타협점을 찾아야 한다"는 주장을 하고 있다.[43)]

한편 일찍이 '응조진언소(應詔陳言疏)'라는 장문의 상소문을 통해 "『만국공법』을 각 성에 다량으로 배포할 것"[44)]을 주장한 바 있던 쉐푸청(薛福成, 1838-1894)의 경우를 보면 다음과 같다.

양인(洋人)들이 중국을 협박한 것은 그 유래하는 바가 하루 이틀 일이 아니다. 도광(道光) 연간(1820-1850)에 화전(和戰)을 정하지 못할 때부터 시작하여 전쟁을 거듭할 때마다 계속 패하니 이미 양인이 업신여겼다. 그에 이어 함풍(咸豊, 1850-1861) 말년에 성에서 내려와 불리한 조약을 정하면서 양인의 업신여김은 더해졌다. 그 후 비록 총리각국사무아문을 설치하였으나 각 부서의 관리들은 서양 사정을 알지 못하여 능히 결정치 못하였다. [……] 그래서 중국은 필요 이상으로 강하여 다투지 않아도 될 것을 다투고, 필요 이상으로 부드러워 양보하지 않아야할 것을 양보하였다.[45)]

43) 鄭觀應, 『易言』第1篇「論公法」
44) 일찍이 쉐푸청(薛福成)은 일찍이 1875년의 應詔陳言疏에서 서양인들이 조약에서 전쟁에 관련된 업무에 이르기까지 『만국공법』이라는 한 권의 책에 의거하므로, 지방에서 일어나는 외국과의 분쟁을 교섭으로 해결하기 위해서는 현지 지방관이 국제법이나 조약에 관한 명확한 지식을 가져야만 하므로, 만국공법이나 조약문을 대량으로 인쇄하여, 지방행정의 최말단인 주현급의 지방관에 배포하라는 주장을 한 바 있다. 『庸庵文編』卷1, pp.25-6, 西人風氣, 最重條約, 至於事關軍國, 尤當以萬國公法一書爲憑. [……] 似宜將萬國公法, 通商條約等書, 多爲刊印, 由各省藩司頒發州縣, 將來有布漸廣……; 김용구, 앞의 책, p.142, 쉐푸청에 관해서는 佐藤愼一, 앞의 책, pp.209-210을 참조.
45) 『出使日記續刻』光緒18년 6월 20일, 『庸庵文別集』(1983), pp.218-219; 김용구, 앞의 책, p.145; 且洋人之恣挾制於中國也,

중국이 서양 사람과 조약을 처음 맺을 때 만국공법이 무슨 책인지 몰랐다. 이때 서양 사람들은 공법을 원용하여 서로 힐책하는데, (중국의) 담당자들은 이에 응하여, 우리 중국은 너희들의 공법에 들어가길 원하지 않으며 중국과 서양의 풍속을 어찌 억지로 같게 할 수 있겠는가 하고 말하였다. 너희는 공법을 말하지만 우리는 실로 이를 모르겠다고 하였다. 이때 이후로부터 서양 사람들은 곧 말하기를 중국은 공법의 밖에 있기 때문에 공법 안에서 응당히 향유할 권리를 (중국에)줄 필요가 없다고 하였다.[46]

이와 같이 중국이 기왕의 중국적 세계질서에 대한 집착으로 인해, 중국 외교가 본말이 전도되어 예양이나 의전절차와 같은 '교제'의 예절에 대해서는 강경하고 막상 국가이익에 관계되는 '교섭'에 있어서는 허약한 상황에 이르렀으며, 결국에는 만국공법에 의해 운영되는 국제사회에서 배제되어 행위주체로서의 권리를 누리지 못하는 운명에 놓이게 되었다고 비판하고 있다.

요컨대 서구 국제사회의 문명 기준을 수용하기 어려운 근본적인 한계를 갖고 있던 상황에서, 청이 만국공법으로 대변되는 근대 국제질서에 적극적으로 동참하기는 어려웠고, 결국 청의 만국공법 활용이란

其所由來, 非一日也. 始於道光年間之和戰無定, 屢戰屢敗, 旣爲 洋人所輕. 繼以咸豊季年爲城下之盟, 定喫虧之條約, 益爲洋人 所輕. 厥後雖設總理各國事務衙門, 而堂司各官皆未洞識洋情, 因應不能得訣(＝結?), (中略) 其剛者爭非所爭, 柔者又讓非所 讓.

46)「論中國在公法外之害」,『庸庵海外文編』卷3; 金容九, 앞의 책, p.146；佐藤愼一, p.87에서 재인용; 中國與西人立約之初, 不知萬國公法爲何書, 有時西人援公法以相詰責. 秉鈞者瞥應 之曰, 我中國不願入爾之公法, 中西之俗, 豈能强同. 爾述公法, 我實不知. 自是以後, 西人輒謂中國, 爲公法外之國, 公法內應享 之權利, 闕然無與.

어디까지나 '현상유지책'의 차원에 머무르지 않을 수 없었다.47) 예컨대 청이 외국에 유학생을 파견하거나 재외사절을 파견하는 것이 십여 년 후에 이루어졌던 것이나, 후일 이들의 역할이 상대적으로 제한된 범위에서 이루어질 수밖에 없었던 것도 이러한 사정에서 연유하는 것이었다. 교육시찰을 위해 1880년에 일본을 방문한 마틴의 다음과 같은 언급을 그냥 지나치기 어려운 것도 이러한 이유 때문이다.

나는 일본인이 극히 잘 변한다든지, 새로운 것을 좋아하고, 낡은 것을 싫어한다는 말을 자주 들었다. 하지만 만세일계(萬世一系)의 천황제가 아직도 존속하고 있다. 이것은 항심(恒心)이 없다면, 도저히 불가능한 것이라 생각된다. 막말의 일본에서는 보수적 세력이 아직 강했는데, 개국 후 곧장 그러한 정황이 일변했다. 국정으로부터 풍속에 이르기까지 변화가 극히 빨랐다. 이것은 변덕스럽기 때문에 그런 것이 아니라, 그렇게 하지

47) 예컨대 이홍장(李鴻章, 1823-1901)은 유구병합(1879년 4월) 직후에 조선의 이유원(李裕元, 1814-1891)에게 보낸 서한을 통해 화이론적 명분론이 아닌 '만국공법'에 의거하여 서양 국가와의 조약관계를 강력히 권유한 바 있다(『승정원일기』 고종 16年7月9日(辛巳條); 『龍湖閒錄』4卷, 23冊, 「直隷總督文淵閣大學士 李鴻章抵橋山李相國書」; 『淸季中日韓關係史料』 2, 368쪽, 문서번호 309-2). 그러나 그 서한의 의도가 조선이 만국공법 질서로 완전히 귀속되는 것을 바랐기 때문은 아니었다. 청국의 입장에서 국가평등 관념에 입각한 만국공법 질서의 전면적인 수용이란 결국 기왕의 중국적 세계질서의 해체를 의미하는 사태로 이어지는 것이기 때문이다. 따라서 이홍장의 의도는 전략적 요충지인 조선의 위정자들에게 어디까지나 이이제이에 의한 '현상유지책'의 차원에서 만국공법을 활용할 것을 권유함으로써 중화질서와 만국공법 질서의 절충과 동거를 모색하였다고 할 수 있다. 이로부터 일 년 후 조선에 전해진 『조선책략(朝鮮策略)』에서 '친중국'과 만국공법에 의거한 미국과의 조약체결의 필요성이 동시에 강조된 데는 바로 이러한 정치적 사상적 맥락이 배경으로 존재하였던 것이다.

않으면 일본이 부강해질 수 없기 때문이다. 중국인은 서양 국가들을 보고 익히지만 서양제국의 정치제도를 채택하여 자국의 체제를 바꾸는 것을 전혀 생각하고 있지 않다. 중국의 개항은 일본보다 십년 정도 빨랐음에도 불구하고, 서양문화의 흡수가 일본보다 훨씬 떨어져 있다.[48]

5. 맺음말

서구 근대 국제체제의 원리가 적용되는 지리적 공간은 원래 유럽에 국한된 것이었다. 유럽 기독교 문명의 소산으로서 기독교 문명권 내의 국가 간의 관계를 규율하려는 의도에서 형성되어가던 국제법은, 다른 문명권의 국가들과 접촉하는 과정에서 국제사회의 일원, 곧 국제법적 주체가 될 수 있는 요건으로서 '문명'이라는 자격을 요구하였으며, 이때 구미열강으로부터 문명 기준에 미치지 못한다고 판단되는 국가는 국제법을 준수할 능력이 없으므로 주권국가로서의 '승인'이 불가한 것으로 간주되었다. 국제법은 그 자체로서 근대 서구문명의 '이중성'을 체현한 것이었다.

동아시아 문명권의 중심을 이루고 있던 청은 이미 17세기 후반 네르친스크 '조약'(1689)을 체결한 바 있는가 하면, 아편전쟁 이전에 린쩌쉬의 경우와 같이 서구의 국제법에 주목하여 이를 이용한 선례가 있었다. 그러나 아편전쟁 이후 서세동점 현상이 점차 심화되어가는 와중에서 무려 20여 년 이상 중국 측은 국제법에 대한 관심을 전혀

48) 丁韙良, 『西學考略』(北京: 同文館, 1883) 上卷, pp. 5-7; 伊原澤周, 『日本と中國における西洋文化攝取論』(東京: 汲古書院, 1999), p.281에서 재인용.

보이지 않았다. 그것은 기본적으로 중국 내부 문제의 심각성이 외부 문제에 관한 관심을 압도하고 있었기 때문이기도 하지만, 서양 국가와의 양국 간 수평적 관계를 전제하는 조약의 형식이나 혹은 불평등 조항에서 발생하는 현실적 불이익이 다분히 편의적으로 고유한 중국적 세계질서의 논리 안에서 중국의 전통적 회유책 내지 시혜의 관점으로 간주되고 있었기 때문이라고 할 수 있을 것이다.

청이 외국과의 문제에 대한 책임 소재를 분명히 하기 위해, 최초로 서양 국가와의 '외교'를 전담하는 총리아문을 발족시킨 것은 1860년 영불 연합군에 의해 북경이 함락되고 난 이후였다. 그 후 총리아문의 지원으로 동문관에서 서양의 국제법 서적이 『만국공법』이라는 제목으로 간행되면서(1864년), 청은 비로소 '만국공법'이라는 서양의 새로운 문명 기준에 접할 수 있게 되었다. 그런데 주지하는 바와 같이 대내적인 최고성과 배타적인 독립성을 기본 특징으로 하는 주권이라는 개념과 이른바 '국가평등 관념'에 근거한 '주권국가'라는 행위자를 전제로 한 새로운 패러다임을 청이 천하질서 내의 예외적인 일부로서 인정하는 데 머무르는 것이 아니라 있는 그대로 수용한다는 것은, '제국으로서 중화'라는 정치적 관점에서 보면, 기왕의 중국적 세계질서의 '해체'를 의미하는 것에 다름 아니라는 데에 청의 근본적인 딜레마가 있었다.

더욱이 이러한 사태는 화이 관념의 이념적 차원에서 보면, 이민족들에 의해 수차례 정복당하는 와중에서도 수천 년 간 자신들이 문명 기준을 제공하고 문명의 중심을 견지해왔다는 중국 정체성의 근간을 흔드는 것이기도 했다. 이처럼 서구 국제사회의 문명 기준을 수용하기 어려운 근본적인 한계가 있는 상황에서, 청이 만국공법으로 대변되는 근대 국제질서에 동참하기는 어려웠고, 결국 청의 만국공법 활용이란 어디까지나 서양제국을 견제하면서 중화질서를 견지하기 위한 '현상유지'의 도구라는 차원에서 제한적이면서도 불가불 자가당착적 관점에서 이루어질 수밖에 없었던 것이다.

참고문헌

『万国公法』,『承政院日記』,『龍湖閒録』,『日省録』,『籌辦夷務始末』(咸豊朝, 同治朝),
    『清季中日韓関係史料』

朴珪寿,『瓛斎叢書』 巻5(성균관대학 대동문화연구원 편, 1996)

魏源,『海国図志』,「自序」(第2版 60巻本, 1847)

鄭観応,『易言』

丁韙良,『西学考略』(北京: 同文館, 1883)

吉田金一,『ロシアの東方進出とネルチンスク条約』(東京: 東洋文庫近代中国研究センター,
    1984)

김용구,『세계관 충돌과 한말외교사, 1866-1882』(문학과 지성사, 2001)

_____,『세계관 충돌의 국제정치학』(나남, 1997)

蝋山政道,『日本における近代政治学の発達』(1949)

尾佐竹猛,『近世日本の国際観念の発達』(共立社, 1932)

浜下武志,『朝貢システムと近代アジア』(東京: 岩波書店, 1997)

_____,『近代中国の国際的契機ー朝貢貿易システムと近代アジア』(東京: 東京大学,
    1990)

小野川秀美,『清末政治思想研究』(東京: みすず書房, 1969)

伊原沢周,『日本と中国における西洋文化摂取論』(汲古書院, 1999)

佐藤慎一,『近代中国の知識人と文明』(東京: 東京大学, 1996)

丸山真男, 加藤周一,『翻訳と日本の近代』(東京: 岩波書店, 1998)

강상규,「조선의 대내외 정세인식과 대한제국 외교의 배경」, 한영우 편,『대한제국은
    근대국가인가』(푸른역사, 2006)

박상섭,「近代国家의 軍事的 基礎: 근대국가형성기 유럽의 軍事와 政治」,『政経世界』
    (国際社会科学学術研究所)

浜下武志,「東アジア国際体系」山本吉宣, 渡辺昭夫외 編,『講座国際政治1巻: 国際政
治の理論』(東京: 東京大学, 1989)

筒井若水,「現代国際法における文明の地位」,『国際法 外交雑誌』66巻(1967)

坂野正高,「総理衙門の設立過程」近代中国研究委員会編,『近代中国研究』1輯(東京: 東京大学,
    1958)

함재봉,「David Hall 교수와의 대화: 동서문화의 상호이해는 가능하다」,『전통과 현대』

(전통과 현대사, 1997)

マジーニ·フェデリコ, 「宣教師が中国語に与えた影響について」 狹間直樹編, 『西洋近
　　代文明と中華世界』(京都: 京都大学, 2000)

Banno, Masataka, *China and the West 1858-1861: the Origins of the Tsungli Yamen*
　　(Cambridge: Harvard Univ. Press, 1964)

Cohen, Paul A., *Discovering History in China: American Historical Writings on
　　the Recent Chinese Past*(New York: Columbia Univ. Press, 1984) 佐藤慎
　　一 訳, 『知の帝国主義-オリエンタリズムと中国像』(東京: 平凡社, 1988)

Covell, Ralph, *W.A.P. Martin, Pioneer of Progress in China*(Washington, D.C.,
　　1978)

Fairbank, J. K.(ed.), *The Chinese World Order: Traditional China's Foreign Relations*
　　(Cambridge: Harvard Univ. Press, 1968)

Fairbank, J.K. & Reischauer, E. O. & Craig, A.M, *East Asia: The Modern
　　Transformation*(Boston: Houghton Mifflin Company, 1965)

Gerschenkron, Alexander, *Economic Backwardness in Histrorical Perspective: A
　　Book of Essays*(Cambridge: Harvard University Press, 1962)

Gong, Gerrit, W., *The Standard of "Civilization" in International Society*(Oxford:
　　Clarendon Press, 1984)

Hsü, Immanuel C.Y., *China's Entrance into the Family of Nations: The Diplomatic
　　Phase 1858-1880*(Cambridge: Harvard Univ. Press, 1960)

Kennedy, Paul, *The Rise and Fall of the Great Powers*(New York: Random House,
　　1988)

Leonard, Jane Kate, *Wei Yuan and China's Rediscovery of the Maritime World*
　　(Cambridge: Mass, 1984)

Machiavelli, Niccolo, *The Prince*(1532) translated by George Bull(London: Penguin
　　Books, 1999)

Martin, W.A.P., *A Cycle of Cathay*(New York: Fleming H. Revell, 1897)

Nussbaum, Arthur, *A Concise History of the Law of Nations*(New York: Macmillan
　　Company, 1954)

Wang, Tieya, *International Law in China: Historical and Contemporary Perspectives*
　　(Martinus Nijhoff Publishers, 1990)

Weber, Max, *Economy and Society: An Outline of Interpretive Sociology*, ed.,

Günther Roth and Claus Wittich(Berkeley, Los angels and London: Bedminster, 1968), Wheaton, Henry, *Elements of International Law*, Preface to the Third Edition(1846)

Wright, Mary C., *The Last Stand of Chinese Conservatism: The T' ong-chih Restoration, 1862-1874*(Stanford: Stanford Univ. Press, 1957)

Alexandrowicz, "Treaty and Diplomatic Relations between European and South Asian Powers in the Seventeenth and Eighteenth Centuries", *Recueil des Cours*, Vol.2, 1960

Chiu, Hungdah, "The Development of Chinese International Law Terms and the Problem of Their Translation into English" in Jerome Alan Cohen(ed.), *Contemporary Chinese Law: Research Problems and Perspectives* (Cambridge: Harvard Univ. Press, 1970)

Duus, Peter, "Science and Salvation in China: The Life and Work of W.A.P. Martin" Liu, Kwang Ching(ed.), *American Missionaries in China* (Cambridge: Harvard Univ. Press, 1966)

Hinze, Otto, "Military Organization and the Organization of the State" in Felix Gilbert(ed.), *The Historical Essays of Otto Hintze*(New York: Oxford University Press, 1975)

Schwarzenberger, Georg, "The Standard of Civilization in International Law", *Current Legal Problems* Vol.8(London: Stevens & Sons Limited, 1955)

Suganami, Hidemi, "A Note on the Origin of the Word of International", *British Journal of International Studies* 4(1978)

II 근대 일본의 대외인식
전환과 만국공법

1. 머리말

후쿠자와 유키치(福澤諭吉, 1834-1901)의『서양사정』과 함께 개화기 일본 최고의 베스트셀러는 휘튼(Henry Wheaton)의『만국공법』이었다.[1] 19세기 중반의 서세동점(西勢東漸)이라는 시대적 맥락에다 근대적 국제질서의 '밖'에 위치한다는 공간적 여건을 고려하더라도 국제법에 관한 전문서적이 그렇게 많은 독자를 확보했다는 사실은 쉽게 이해하기 어려운 문제다. 일본의 공법수용에 관해서는 한국학계에 지금까지 거의 알려져 있지 않다. 예외적으로 일본의 국제법 수용을 언급하고 있는 몇몇 선구적 논문을 보면 일본이 페리의 내항(1853) 이후 일사불란하게 서구문명을 따라잡기 위한 개혁을 추진하였으며, 이러한 과정에서 국제법을 효과적으로 활용하였음을 지적하는 정도다.[2]

* 이 글은 원 논문「근대 일본의 만국공법 수용에 관한 연구」,『진단학보』87호, 1999를 수정 · 보완한 것임.
1) 丸山眞男, 加藤周一, 『飜譯と日本の近代』(岩波, 1998), p.119
2) 하나의 예를 소개하면 "동아시아 3국 중에서 오직 일본만이 성공적으로 서양에 문을 여는 과정에서 발생하는 문제점들을

하지만 19세기 동서문명의 폭력적 만남이라는 상황에서 만국공법이 갖는 의미는 흔히 간과되어 온 것과는 달리 매우 특별한 것이었다. 19세기 후반의 동아시아적 상황에서 근대국가 간 질서를 상징하는 '만국공법'이란 근대 국제질서의 체계 '안'에서 숨 쉬고 있는 현대인에게 느껴지는 국제법과는 대단히 다른 여러 가지 함의를 갖는 것이었다. 메이지 전후의 일본의 만국공법 수용을 보편사적 맥락에서 논의하기 위해서는 국제법 자체의 역사성 그리고 그 국제법사에 스며있는 문명에 대한 관념을 염두에 두지 않으면 안 될 것이다. 국제법에 스며있는 근대 서구문명의 편견은 그 자체로 국제법의 '문명적' 성격과 '국제정치적' 성격을 보여주는 것이기 때문이다.3) 본 연구가 근대 일본 개화기의

극복할 수 있었다. 압도적인 산업과 군사력에 직면한 일본은 자국의 안전을 위하여 서양과의 군사적 대결을 피하고 서양문명과 기술을 가능한 빨리 도입함으로써 자국의 국력을 강화시켜야 한다는 것을 깨달았다. 일본은 이러한 목표가 서양에 자국의 문을 열고 서구국가들과의 우호적 관계를 수립했을 때 비로소 성취될 수 있음을 깨달았다. 그래서 일본은 1854년의 가나가와조약(神奈川条約)을 맺은 후 곧 메이지유신을 단행하였고, 이를 통해 근대 자본주의 문명을 흡수하여 거대한 개혁을 실행시켰던 것이다. 이 과정에서 일본은 서양의 국제법을 효과적으로 받아들여 이를 자국의 독립과 국가이익을 보호하는 법적인 수단으로 활용하였다." 배재식, "Growth of the Law of Nations in the Yi-Dynasty of Korea" 서울대학 법대 『法學』(1982), p.4 이러한 일본 근대사를 둘러싼 전형적인 설명방식이 효과적으로 근대의 수용과 관련된 동아시아 국가의 특징을 압축적으로 전달해줄 수 있을지 모르지만, '권력'과 '정치'의 측면을 간과한 채 일본이 마치 단일행위 주체에 의해 움직이는 듯한 착시현상을 불러일으킴으로써 일본 역사의 내부적 역동성을 사상(捨象)시키고 있음이 간과되어서는 안 될 것이다.

3) 기독교 문명국가의 비서구권에 대한 포섭과정은 스스로를 '보편'으로 인식해가는 혹은 인식시키는 과정이었다. 원래 근대 유럽의 기독교 문명의 소산으로서 기독교 문명권 내의 국가

좁은 의미에서의 국제법, 즉 실정법으로서의 국제법 수용사로 환언될
수 없는 것도 바로 여기에서 연유한다.

　근대 일본의 만국공법 수용과정을 들여다보면 근대 서구의 수용과
관련하여 여러 가지 특징적 양상들이 '선명하게' 부각되어 나타나지

간의 관계를 규율하려는 의도에서 형성되어가던 국제법이 다른
문명권의 국가들과 접촉하는 과정에서 처음에 유럽 문명국만을
국제법의 주체로서 상정하였던 것은 이러한 유럽문명의 세계지
배라는 역사적 상황에서 빚어진 것이었다. 기독교 문명국 간의
논리가 형식적으로 상호 간의 권리의무관계의 이행이라는 '상호
주의'에 입각한 이상, 유럽문명국과 이질적인 문명국 간의
관계는 법적 무질서의 상태로 인식되지 않을 수 없었다. 왜냐하면
이질적인 문명이란 하나의 문명 기준에서는 '야만'에 다름 아니
었기 때문이다. 예컨대 '미개인(barbarous people)'에 대해 전쟁
법의 효력이 발생할 수 없다는 것도 이러한 상호주의 논리에
근거한 것이었다. 유럽의 국제법이 비유럽 문명권으로 확대되는
과정에서 미합중국의 탄생은 유럽 기독교 문명의 계승자로서
특별히 유럽국가의 지리적 확대로 간주되었으며, 형식적으로는
종교적인 요소가 분리되어 나가고 대신에 국제사회(Family of
Nations)의 일원–국제법적으로는 국제법적 주체–이 될 수 있는
요건으로서 '문명'이라는 자격요건이 요구되었다. 이 과정에서
이른바 '국제표준' 혹은 '문명국 표준주의(minimum standard)'
가 거론되었으며, 결국 문명 기준에 미치지 못하는 국가는 국제법
을 준수할 능력이 없으므로 국가로서의 '승인(recognition)'이
불가한 것으로 판단되어, 근대적 의미에서의 주권을 존중해 줄
필요가 없게 되는 것이다. 이러한 근대 국제질서체제가 형성되는
데는 이른바 '물적 토대'가 존재하고 있었다. 전지구적 차원의
세계사의 성립이란 유럽의 산업혁명과 자본주의의 발전과 병행
해서 진행된 것이다. 따라서 대외확장을 촉구한 요인이 성장해가
는 자본이라 한다면, 이들의 해외에서의 활동을 법적으로 보장하
는 국제법규의 존재는 그만큼 필수적인 것이었다. 동아시아 국가
들이 서양 국가와 맺은 조약이 한결같이 일방적인 불평등 조약이
었던 것은 기본적으로 이러한 문명적 요소의 미비라는 판단에
의해 이루어진 것이었다. 국제법의 문명적 편견에 대해서는 김용
구, 『세계관 충돌의 국제정치학』(나남, 1997) 등을 참조.

않을 수 없다. 왜냐하면 만국공법의 수용이라는 문제가 사상사(思想史)적으로는 일본의 대외인식의 변화 혹은 근대 국제법 질서에 대한 인식과 함께 문명관 내지 세계관의 변용과도 맞물려 있는 문제일 뿐 아니라, 교섭사(交涉史) 혹은 관계사(關係史)의 차원에서는 실질적인 텍스트의 역할을 담당하였기 때문이다.4) 그리고 보면 문명개화와 부국강병으로 압축되는 일본의 근대란 만국공법의 수용에 관한 이해를 떠나서는 논의하기 어렵다고 해도 과언이 아닐 것이다. 이러한 개화기 만국공법의 수용이 갖는 의미를 이해하기 위해서는 우선 일본의 전통적 대외 관념에 대한 이해가 선행되지 않으면 안 된다.

2. 일본의 전통적 대외 관념과 위기의식

에도시대(1603-1867)의 대외 관념의 기본적 이미지는 유교의 화이사상에 근거하고 있었다. 당시 유교가 지배적인 사상체계로서 널리 보급되어 신봉되었다고 말하기 어려움에도 불구하고 대외관계라는 측면에서는 유교적인 화이사상(華夷思想)5)의 틀에 입각한 이해가 일반

---

4) 일본 근대사에서 만국공법의 의의는 훨씬 다양하고 구체적인 것이었다. 정치사(政治史)의 관점에서는 일본열도에 근대적 정치의식을 창출하는 매개적 역할을 하였다는 점에서 특히 주목된다. 이에 관해서는 후술한다.

5) 화이 관념이나 사대 관념, 천하적 질서는 유교적 국제질서를 지칭하는 핵심적 개념으로서 유가사상의 핵심인 예의 관념 즉 '큰 것을 섬기고 작은 것을 어여삐 여긴다'는 사대자소(事大字小)의 원리에 기반한다. 이러한 화이 관념의 형성과 그 내용에 대해서는 김용구, 앞의 책, 제2장에 상세하게 논하고 있으므로

적인 것이었으며, 이러한 화이사상의 영향은 중국 중심의 사고에 가장
비판적이었던 국학자(國學者)들에서도 나타나고 있었다.6)

하지만 그렇다고 해서 일본열도 위에서 유교적 화이 관념의 구체적
내용이 중국대륙과 동일한 양상으로 전개되었던 것은 아니었다. 주지하
는 바와 같이 중국인의 화이사상은 주위를 압도하는 거대한 문명의
구축에 의해 형성 발전된 것으로, 그 담당세력인 사대부 세력이 가지는
자신감의 배경에는 문화적 우월감, 문명의 중심이라는 의식이 강하게
존재하고 있었다. 정치이론으로서의 유가사상(儒家思想)은 덕(德)에
의한 통치 즉 왕도정치(王道政治)와, 패도정치(覇道政治)로 불리웠던
무력에 의한 통치를 엄격히 구별하고 있었다. 이 점에서도 드러나듯이,
원래 유가사상에서의 바람직한 통치란 덕화(德化)로 일컬어지는 도덕
적 교화(敎化)에 다름 아니었으며, 이러한 원리는 중화(中華) 내부에서
뿐 아니라 이적(夷狄)에게도 통용되는 것이었다. 따라서 대외 관념이라
는 측면에서 나타났던 이적에 대한 배외(排外)적 사고는 천하적 포용주
의, 이른바 사해일가(四海一家)라는 식의 사고와 미묘한 긴장관계를
유지한 채 지속되었던 것이다.7)

6) 丸山眞男, "近代日本思想史における國家理性の問題"(1949)
『忠誠と反逆』(筑摩書房, 1992), pp.294-295
7) 중화 관념은 이런 점에서 군사적 성격보다는 문화적 성격이
강한 것이었다. 흔히 오해되는 것과는 달리 아편전쟁 이후 국토
가 유린당하는 상황에서 중국이 위기의식에 휩싸이지 않았던
것은 기본적으로는 이러한 문화적 자신감에서 비롯된 것이었다.
이에 대해서는 佐藤愼一, 『近代中國の知識人と文明』(東京大
學, 1996)에 상세하다. 이러한 덕치(德治) 관념이 동아시아의
전환기적 상황에서 가지는 구체적인 정치사적 의미는 아직 본격적
으로 주목되지 못하고 있는 것으로 보인다.

반면 에도시대 일본의 지배층이란 본래 전투를 직업으로 하는 사무라이로 대표되는 무사계급이었다. 무사계급이 지배하는 일본은 애당초 유교적 문명권의 중심이 되기 어려웠으며 이러한 의미에서 일본에는 중국식의 화이사상이 있는 그대로 수용되어 성숙해지기는 곤란했다. 하지만 고대 이래 중국문명을 섭취해왔던 역사적 사실로 인해 중국에 대한 경외감이 전통적으로 뿌리 깊게 존재하고 있었고, 그런 만큼 '문명으로서 중화'를 부정하기 어려웠던 데에 일본 지식인들의 고민이 있었다. 이러한 딜레마에 대한 반응은 열도 내에서 다양한 형태로 나타나게 되는데, 중국은 문명국, 일본은 소국이라는 인식이 지배적인 정서였다. 하지만 일부 지식인층에서는 문명으로서의 중화와 당시 구체적으로 존재하던 제국으로서의 청국을 구별해서 파악하려는 경향이 강하게 나타나기 시작했으며,8) 비록 처음에는 소수이긴 하지만 일본이야말로 '중화'라는 일본 중심적 사고도 나타나게 된다.

문명의 중심으로서 일본을 설정하는 국학(國學)과 미토학(水戶學)은 존황(尊皇) 내지 국체(國體) 관념으로 나아가는 경향을 지니고 있었다. 이들 양자 간의 차이가 있다면 국학이 『고사기(古事記)』, 『일본서기(日本書紀)』 등의 고전의 문헌학적 연구에 기반하여, 유교와 불교가 도래하기 이전의 일본 고유의 문화 및 정신세계를 밝힘으로써 일본이

---

8) 문명으로서의 중화와 제국으로서의 청국을 구별하는 사고는 해방론(海防論)의 선구적 저작으로 절대적인 가치를 인정받고 있는 하야시 시헤이(林子平, 1738-93)의 저작 『海國兵談』 (1786)에 잘 드러나 있다. 여기에서 하야시는 서양제국의 직접적인 일본 침략의 위험성이 적은 반면, 서양문명의 영향을 받은 청국이 일본에 침략해 들어오는 것이 가장 위험한 것으로 논하고 있다. 이러한 식의 사고는 에도 중기 이래 점차 현실로서의 제국인 중국을 지나(支那)라고 호칭하게 되는 이유가 된다.

세계의 중심임을 주장하고자 한 반면, 미토학은 기본적으로 유교적 명분론의 관점에 서서 국학론자들의 입장을 수용해 만세일계(萬世一系)의 천황이 존속하는 사실을 중심으로 일본 국체의 우수성을 강조하는데 있었다.9) 요컨대 여기서 지적하고 싶은 점은, 에도시기의 화이사상이란 중국에서의 화이 관념의 '실체적' 의미와는 여러 가지로 다른 의미를 담고 있다는 사실이다. 바꿔 말하면 중국의 경우에는 그 역사적 유래로 말미암아 천자(天子)의 덕이 미치는 중화제국과 그 주변에 위치한 이른바 동이(東夷), 서융(西戎), 남만(南蠻), 북적(北狄)으로 일컬어지는 이적(夷狄)이 구체적인 실체로서 인식되어진 반면, 일본에서의 화이 관념은 그 '문화적 내용'을 사상한 채 그 '형식'만이 살아남아 하나의 기능적인 개념에 머물러 있었다는 것이다.10) 이처럼 중국의 화이 관념에 비해 일본의 화이 관념이란 실체로서의 중화 자체가 모호하고 가변적이어서 상대적으로 자유롭게 여러 가지 내용을 담을

9) 丸山真男, 앞의 논문; 이러한 일본중심주의가 문명으로서 중화에 대한 열등감의 극복이라는 치열한 문제의식에서 비롯되었다는 사실은 이후 일본 근대사의 역동성을 이해하는 중요한 실마리가 되기도 하지만 이러한 작위적(作爲的) 사고에서 드러나는 파행적 성격은 동시에 일본 근대사의 비극적 진행의 모티브를 이루게 된다는 점에서 주목하지 않으면 안 될 것이다. 전후 일본 정치학계의 최고 권위를 자랑하는 마루야마 마사오(丸山真男, 1912-1996)가『日本政治思想史研究』에서 오규 소라이(荻生徂徠, 1666-1728)라는 유학자에게서 나타나는 작위적 사고에서 일본의 근대적 맹아를 찾으려 했다는 사실은 마루야마가 살았던 시대, 지식인의 '근대적'인 것에 대한 강박관념에서 비롯된 것이라는 것이 필자의 생각이다. 이러한 강박관념은 한국 근대사 연구에서도 비슷하게 되풀이 되고 있다.
10) 植手通有,「對外觀の轉回」『近代日本政治思想史』(有斐閣, 1971), pp.39-41

수 있는 것이기도 했고 그만큼 변질될 소지도 컸다.11)

유교적 화이사상이 에도시기 대외관의 기본적 이미지를 규정짓고 있었다는 가장 전형적인 형태는 무엇보다 이적관(夷狄觀)으로 대표되는 일본의 전통적 서구 관념에서 찾을 수 있을 것이다. 이는 유교적 문화권으로부터 소외된 이질적이고 도덕적으로 열등한 존재로서의 타자 관념에 다름 아니었다. 하지만 동시에 일본의 서구에 대한 전통적 멸시관의 양상은 중국에서의 그것과는 다르게 실체로서의 서양에 대한 관심을 완전히 봉쇄하지는 않았다. 이러한 사실은 일찍이 18세기 초저 유명한 유학자 아라이 하쿠세키(新井白石, 1657-1725)가 『서양기문(西洋紀聞)』을 저술할 때 서양의 문화를 내면의 도덕이나 정신의 영역과 분리시켜 외형적인 과학기술의 영역을 인정하는 데서 드러나는 것처럼,12) 그러한 사고방식이 에도 말기 사쿠마 쇼잔(佐久間象山, 1811

11) 일본의 주자학자 하야시 라잔(林羅山, 1583-1657)의 아들인 하야시 슌사이(林春齋, 林鵞峰, 1618-1680)가 1674년에 편찬한 책, 『화이변태(華夷變態)』의 서문에는 이러한 기능적인 화이 관념의 의미가 독특하게 드러나고 있다는 점에서 주목할 만하다. "崇禎帝는 薨去하고, 홍광제(弘光帝)는 韃虜(=女眞)에 패했다. 唐王이나 魯王이 불과 남쪽의 한구석을 간신히 지키고 있을 뿐으로, 中原은 女眞이 橫行하고 있다. 이것은 華가 夷에 의해 대체되는 사태다. [……] 얼마 전에 吳三桂와 鄭經이 各省에 檄文을 보내 明朝의 恢復을 위해 거병하였다. 그 승패의 행방은 알 수 없으나, 만약 夷가 華로 대체되는 사태가 일어난다면, 異域의 일이기는 하지만, 이 또한 통쾌한 일이 아니겠는가" (崇禎登天, 弘光陷虜, 唐魯纔保南遇, 而韃虜橫行中原, 是華變於夷態也 [……] 頃間(=聞)吳鄭檄各省, 有恢復之擧. 其勝敗不可知焉. 若夫有爲夷變於華之態. 則縱異方域, 不亦快乎.) 林春齋, 『華夷變態』(1674)上/中/下(東京: 東洋文庫, 1958); 岸本美緒 · 宮嶋博史, 『明淸と李朝の時代』(東京: 中央公論社, 1998), pp.196-197 등을 참조.

—64)의 '동양의 도덕, 서양의 예술(=기술)'이라는 전형적 묘사로 이어지기까지 나가사키(長崎)와 란가쿠(蘭學) 등을 통해 면면히 지속되었다는 사실로도 확인된다. 이처럼 일본의 서양관에서 볼 수 있는 상대적 유연성은 중국의 천하 개념에서 드러난 자기완결성의 결여로 가능한 것이기도 하다.13)

또한 에도시기 대외관으로서의 유교적 화이사상이란 중국의 경우가 문화적 경향을 지녔던 것과는 대조적으로 정치적 군사적 경향성이 현저했다.14) 이러한 흥미로운 사실은 당시 일본의 특수한 사정 요컨대 에도시대의 지배층이 사무라이 집단이었으며, 화이사상을 지탱한 문화적 기반이 상대적으로 결여되어 있었다는 점, 그리고 지역에 기반한 각각의 구니(國)가 정착되어 독립적인 권력으로 대두될 소지가 상존하고 있었다는 사실 등에서 비롯된 것이었다. 서세동점이 진행되면서 외국의 선박이 접근해 오고 대외문제가 점차 일본인들의 관심을 끌게

---

12) 吉野作造, 「新井白石とヨワンシローテ」(1922) 『吉野作造全集』11卷(岩波書店, 1995)
13) 이처럼 중심보다도 주변이 변화의 상황 곧 전환기의 상황에서 보다 유연하고 능동적으로 대처할 수 있다는 것은 역사적으로 반드시 예외적인 경우라고 할 수 없다. 이처럼 역사적으로 다소 역설적인 상황은, 예컨대 종속이론(dependence theory)의 관점에서는 결코 수용되기 어려운 논의겠으나, 거쉔크론이 말하는 이른바 '후발주자의 이익(advantages of backwardness)'이나 예컨대 역사적으로 강대국들의 흥망성쇠를 검토한 폴 케네디의 저작들이 보여주는 것처럼 역사의 가변적이고 역동적인 상황을 이해하는데 간과되어서는 안 되는 측면이라고 할 수 있을 것이다. Gerschenkron, Alexander, *Economic Backwardness in Historical Perspective, A Book of Essays*(Cambridge: Harvard University Press, 1962); Kennedy, Paul, *The Rise and Fall of the Great Powers*(New York: Random House, 1988)
14) 植手通有, 앞의 논문, pp.41-43

되면서 한동안은 '상대하지 않겠다[置之度外]'는 태도를 보이기도 하지만, 서양제국에 대한 위기감이 고조되면서 정치적 색채를 강하게 지닌 배외주의적(排外主義的) 경향으로 나타나게 된다.15) 이러한 상황에서 벌어진 아편전쟁(1840-42)은 서양제국의 침략성과 잔인하기 이를 데 없는 이국(異國)의 국민성을 일본의 전통적 서양 관념에 비추어 실질적으로 확인시켜주는 계기가 되었고 양이(攘夷)로 대표되는 배외주의적 기운은 일본열도 구석구석까지 침투해 들어갔다.

이처럼 배외의 기운이 확산되는 가운데 주목되는 현상은 화이라는 명분보다 이기느냐 지느냐, 죽느냐 사느냐라는 긴박한 위기의식이 대두되었다는 사실이다. 이러한 위기의식은 앞서 언급한 '일본식 화이사상의 정치적 군사적 경향성', 무사사회 특유의 긴장감과 깊이 맞닿은 것으로, 서양제국의 군사적 우월성을 인식하고 그 저변에 놓인 서양의 과학기술을 섭취해서 국력을 충실히 하는 것이 핵심적인 문제라는 전략적 인식이 확산되는 배경이 되었다. 양이의 한편에서 움튼 이러한 현실적 사고는, 앞서 언급한 서양의 문화를 내면의 도덕이나 정신의

15) 막부(幕府)가 일본 연안에 접근하는 모든 외국 배들을 처부수라는 명령(異国船無二念打払令, 1825년)을 내릴 무렵의 분위기를 상징적으로 대변해주는 것이 후기 미토학(水戸学)의 아이자와 세이시사이(会沢正志斎, 1782-1863)의 『신론(新論)』이다. 존황양이론을 가장 체계화하여 이후 에도 말기 사상계에 대단히 광범위한 영향을 미쳤던 『新論』은 태양이 떠오르는 나라, 신이 지배하는 땅이라는 의미의 신주(神州)라는 용어와 함께 '중국' 혹은 '중화'라는 단어를 일본열도를 지칭하는 의미로 사용하면서, 서양제국의 해외에서의 활동을 문명이 미치지 않는 서역의 야만적 행위라고 규정하고 있다. 会沢正志斎, 「新論」, 『日本の思想 20: 幕末思想集』(筑摩書房, 1973) 齋藤馨의 『鴉片始末』이나 嶺田楓江의 『海外新話』 등은 아편전쟁에 관한 묘사를 통해 배외주의적 서양관을 확산시켰던 대표적인 저작들이었다.

영역과 분리시켜 외형적인 과학기술 영역을 인정하는 태도와 그 구체적 내용으로서 나가사키(長崎)와 란가쿠(蘭學)의 전통의 연장선상에서 해석할 수 있을 것이다. 서양문명을 자연과학적 합리주의에 초점을 맞춰 이해하려는 이러한 자세가 문명의 이질성을 벗어버리고 비교 가능한 것, 수용 가능한 것이라는 동질감을 형성케 하는 주요한 계기가 되었음은 물론이다. 양이의 기운이 일본열도에 달아오르고 있을 때 이처럼 막부의 지도부에서는 이미 양이론의 비현실성이 진지하게 인식 되고 있었다.16)

3. 개국과 만국공법의 수용

막부가 흑선(黑船)으로 상징되는 '외압'에 굴복하는 형태로 개국을 단행(1854)한 후 일본열도 내에 대외적인 위기감이 한층 고조되면서 국내정국의 회오리는 한치 앞을 내다보기 어렵게 진행되어갔다. 막부 말기(幕末)의 격변하는 정치정세와 복잡하게 얽히고설킨 양이와 개국, 그리고 갖은 우여곡절 끝에 막부가 무너져 내리는 극적인 과정은 지금까지 근대 일본의 신화로 끊임없이 회자되고 있다. 바로 그 어지러

16) 적어도 막부 지도부의 한편에서는 양이론(攘夷論)이 혼네 (本音) 즉 본심이 아니라 정치적 슬로건 혹은 하나의 정치적 방침 이른바 다테마에(建前)의 차원에서 거론되었다는 것은 페리의 내항 이후의 교섭진행과정에서 그대로 드러난다. 당시 이러한 상황을 이해하는 데 도움이 되는 논문으로는 佐藤誠三郎, 「川路聖模」, 『「死の跳躍」を超えて』(東京: 都市出版, 1992)를 들 수 있다.

운 현장의 한복판에 서양 국가와의 '조약체결'이라는 문제가 얽혀 있었다. 이러한 사실은 '외압과 열도 내부의 위기감의 접점'이 바로 이적(夷狄)과의 조약이었다는 점을 감안해야 비로소 제대로 이해될 수 있을 것이다.

페리(Matthew Perry, 1794-1858)의 내항 이후 막부는 심각한 고민 끝에 미국과 화친조약(1854년)을 맺게 된다.17) 이후 같은 해 영국 및 러시아와의 조약이 맺어졌고, 4년 후 미국을 비롯한 5개국과의 '수호통상조약(修好通商條約)'이 막부의 주도하에 조인되었음은 주지의 사실이다. 이러한 과정에서 '국가적 자각'과 강력한 지도력을 갖는 쇼군(將軍, 막부의 최고지도자)의 출현을 요구하는 소리가 높아갔으나, 현실은 병약한 쇼군의 후계자 문제를 둘러싸고 오히려 첨예한 의견대립으로 치닫고 있었다. 서양제국과의 조약 자체를 반대하는 배외적 기운이 고조되어 가던 상황에서 조약체결과 관련된 불만은 막부를 향할

17) 이러한 조약의 체결은 그때까지 지속되어오던 막부의 대외관계가 다른 방식으로 진행된다는 것을 의미한다. 당시의 막부의 외압에의 대응논리에 대해 다나카 아키라(田中彰)는 다음과 같이 지적한다. 첫째, 조상들의 방식(祖法)을 지킨다는 것이 기본적인 방침이었다는 것이다. 이는 막번체제가 조상들의 방식을 근간으로 250여 년 지속되어왔다는 사실에서 비롯되는 것이다. 둘째, 현실의 외압은 조상들의 방식을 넘어선 국가의 존망이 걸린 문제라는 것이다. 이 논리는 막말기의 막부의 가장 기본이 되는 논리였다. 그렇기 때문에 막부는 유례없이 조정(朝廷)과 다이묘(大名) 이하의 무사들에게도 의견을 구하였다. 일본열도에 '일체감'이 형성되는 것은 이러한 맥락에서 가능하였다는 것이다. 셋째, 시세의 변화에 주목한다는 상황주의적 태도다. 이는 세계적 상황의 변화에 따라 당연히 규칙도 변하고 법도 변한다는 것이었다. 田中彰, "앞의 논문", pp.440-441; 遠山茂樹, "幕末外交と祖法觀念"『遠山茂樹著作集 2: 維新變革の諸相』(岩波書店, 1992)

[표 2-1] 막부가 서구에 파견한 사절단 일람

연도	사절단의 명칭	규모	사절단의 목적	방문 국가
1860	遣美 使節團	77명	미일 수호통상조약의 비준서 교환, 간린마루(咸臨丸)에 의한 항해술 훈련	미국, 하와이
1862	遣歐 使節團	36명	江戸/大坂/兵庫/新潟의 開市 및 開港 연기, 런던각서 조인, 樺太의 러일경계선 문제 등	佛/英/蘭/普/露/匐
1864	遣佛 使節團	33명	横浜鎖港談判, 파리 約定調印	프랑스
1865	遣佛 使節團	10명	제철소건설을 위한 준비	프랑스
1867	遣露 使節團	16명	樺太의 러일국경 문제	러시아
1867	遣佛 使節團	30명	파리박람회에의 참가, 조약체결국 방문	佛/스위스/蘭 벨기에/伊/英

수밖에 없었고 이러한 와중에서 지금까지는 감히 정치적 견해를 표명하는 것조차 어려웠던 천황이 정치권력의 전면에 부상(浮上)하고 있었다. 이처럼 천황이 부상해 가는 과정은 후기 미토학이나 국학계통에서 줄곧 제시해 온 존황양이(尊皇攘夷)론이 당시 일본이 겪는 위기에 대한 해법으로서 당대의 지사들의 마음을 사로잡는 과정이기도 했다.

서구의 근대 국제법이 일본에 알려지기 시작한 것은 이러한 상황에서였다. 일본이 서구의 근대 국제법을 처음 접한 것은 조약교섭 당사자들의 교섭과정에서 비롯된 것으로 알려지고 있다. 국제법에 관한 지식이라고는 전혀 없었던 막부 측에서는 일본에 영사로 처음 부임한 미국의 해리스(Townsend Harris, 1804-1878)가 국서를 봉정하러 에도(江戸)에 왔을 당시(1857), 국가 간의 관계를 규율하는 법이란 어떤 것이며 외교사절을 외국에 주재시키는 목적과 외교사절의 특권 등에 관해 질문을 던지는 수준이었다.[18] 막부는 당시 서양 국가와의 교제에 필요한 지식이나 구미의 선진제국의 문물을 받아들여야 할 필요성을 통감하였다. 막부가 서구에 파견한 사절단(遣外使節團)은 이러한 막부의 의지에서 비롯된 것으로 그 이문화(異文化) 경험이 향후 일본에 가지는 의미는 실로 거대한 것이었다. 그 규모와 목적, 방문국가를 개략적으로 소개하면 [표2-1]과 같다.19)

아무튼 막부가 서구사회에서 통용되는 '국가 간의 관계를 규율하

18) 尾佐竹猛, 『近世日本の國際觀念の發達』(共立社, 1932), pp.26-27; 이에 대해서는 해리스의 일기 『日本滯在記』(岩波文庫, 1953-54) 1857년 12월 21일자에서 확인할 수 있다. 통상조약을 체결하는 것을 원하던 해리스는 이후 막부 측에 이를 설명한 '각서'까지 제출한 것으로 알려지고 있다. 이에 관해서는 香西茂, 「幕末開國期における國際法の導入」『法學論叢』97卷5號 (1975); 田中彰, 「黑船から岩倉使節團へ」, 『日本近代思想大系 1卷: 開國』(東京: 岩波書店, 1990), pp.429-30; 이때 일본 측 대표가 가와지 도시아키라(川路聖謨, 1801-1868)라는 인물이었다. 그에 대해서 자세히 언급하고 있는 논문이 앞서 소개한 佐藤誠三郞, 「川路聖謨」『「死の跳躍」を超えて』(東京: 都市出版, 1992)인데 해리스의 일기 내용과 비교해서 읽으면 당시의 정황을 이해하는 데 유익하다.

19) 마쓰자와 히로아키(松沢弘陽)는 이러한 사절단들이 이문화의 세계를 접함으로서 보편적 인간을 의식하게 되었고, 막번(幕藩)체제의 이적관(夷狄觀), 전통적 세계관을 바꾸지 않을 수 없게 되었으며, 막번체제의 질서와 이데올로기에 대한 회의와 함께, 만국공법의 세계가 일본의 국제무대에의 등장의 규범으로서 인식되게 되었다고 지적한 바 있다. 60년 그리고 62년의 사절단에 참여한 후쿠자와 유키치는 그 전형적인 예라 할 것이다. 松沢弘陽, 『日本思想大系 66: 西洋見聞集』 解説(岩波書店, 1974) 참조; 막부가 파견한 사절단에 대해서는 松沢弘陽, 『近代日本の形成と西洋経験』(岩波書店, 1993); Beasley, W.G., *Japan Encounters the Barbarian: Japanese Travellers in America and Europe*, Yale Univ. Press, 1995; 田中彰, 앞의 논문 등에 상세하다.

는 법'에 대한 관심이 얼마나 진지하였는가는 이후 유학생의 파견이나 이에 관련된 문헌의 도입과 번역 등의 방식에서 확연히 드러난다. 막부는 1862년에 네덜란드에 군함을 주문하게 되는데 이를 계기로 최초의 유학생을 구라파에 파견하게 된다. 특히 니시 아마네(西周, 1829-1897)와 쓰다 마미치(津田眞道, 1829-1903), 에노모토 다케아키(榎本武揚, 1836-1908) 등은 국가의 정사에 필요한 학문을 배우도록 지시받아 네덜란드 라이든(Lyden)대학의 비세링(Simon Vissering, 1818-88)으로부터 국제법을 포함한 사회과학 일반에 관해 배우게 된다. 이들은 귀국 후 주목할 만한 역할을 하게 된다.[20]

청국의 동문관(同文館)에서 마틴(Martin W.A.P, 중국명 丁韙良, 1827-1916)에 의해 휘튼(Henry Wheaton, 1785-1848)의 국제법 저서 *Elements of International Law*가 『만국공법(萬國公法)』이라는 제목으로 번역되어 300부가 나온 것이 1864년의 일이다. 그런데 이것이 수입되어 막부의 개성소(開成所)에서 『만국공법』(和裝6冊)이라는 번각본(飜刻本)으로 출간되어 나온 것은 그 이듬해였다. 『만국공법』이

20) 니시 아마네(西周)와 쓰다 마미치(津田眞道)는 귀국한 후 막부 개성소(開成所)의 교수가 되어 각각 만국공법과 국법학을 강의했다. 니시는 이후 1868년 비세링 교수의 국제법 강의노트를 일본어로 번역해 『和蘭畢洒林氏 萬國公法』으로 출간하였으며, 철학(哲學), 심리학(心理學)이라는 용어를 고안하기도 한다. 쓰다는 1871년 청일조약을 맺을 당시 직접 참여하였고 이후 민법(民法)이라는 용어를 처음 사용하였다. 에노모토 다케아키(榎本武揚)는 막부의 편에서 메이지유신을 맞이하여 무진전쟁(戊辰戰爭)을 치르는 도중 처음 교전단체의 승인과 열강에 국외중립을 요청하기도 했으며, 이후 메이지 정부에서 외교관으로서 조약 개정운동에 힘썼다. 一又正雄, 『日本の國際法學を築いた人々』(日本國際問題硏究所, 1973)

지식인을 중심으로 얼마나 널리 읽혔는가 하는 것은 이미 이 글의 모두(冒頭)에서 간단히 언급한 바 있지만, 만국공법에 관한 초기 일본 연구자인 오시다케 다케시(尾佐竹猛)의 이에 관한 표현을 빌면, "지금까지 나라 문을 닫고 살아오던 우리국민은 처음 각국의 교통에도 조규(條規)가 있다는 것을 알아 식자(識者)들은 다투어 이 책을 읽는 모습이었다".21) 휘튼의 저작 *Elements of International Law*는 [표 2-2]에서 보는 바와 같이 다양하게 일본에 번역되어 소개되었다.

마틴이 번역한 이 책은 너무도 생소하여 난해하기 이를 데 없는 것이었다.22) 따라서 이 표에 나타난 바와 같이 이 책에 대한 주석을 붙이거나 이를 다시 일본어 특히 일상의 구어체로 번역한 것, 혹은 직접 휘튼의 저작을 번역한 작품이 속속 출간되었던 것인데 당대에 휘튼의 만국공법 서적이 얼마나 주목받았는지 분명히 확인할 수 있을 것이다. 더욱이 만국공법류의 서적은 휘튼의 저작 이외에도 다수가 번역 소개되었다.23) 여기서 특히 눈에 띄는 것은 그 신속성인데, 청국에

---

21) 尾佐竹猛,『近世日本の國際觀念の發達』(共立社, 1932), p.34 이러한 사정을 잘 보여주는 것이 로야마 마사미치(蠟山政道)의 『日本における近代政治學の發達』(1949)에 수록되어있는 부록 (日本近代政治學著作年表略)일 것이다.

22) 만국공법이 당시 얼마나 이해하기 어려웠는가에 대해서는 김용구, 앞의 책; 丸山眞男,『飜譯と日本の思想』(東京: 岩波書店, 1998)에 상세히 논하고 있다.

23) 1869년에는 福地源一郎 譯『外國交際公法』(和裝2冊, 마르텐스(Charles de Martens)의 저서 *Le Guide Diplomatique; précis des droits et des foncions des qgents diplomatiques et consulaires*, 제1편에서 제8편까지의 번역) 1873년에는 箕作麟祥(미즈쿠리 린쇼) 譯『國際法 一名 萬國公法』(和裝6冊, 울지(Theodore D. Woolsey)의 저서 *Introduction to the Study of International Law*를 번역한 것으로 국제법이라는 용어를

서 만국공법 관련 서적이 번역되어 나오기가 무섭게 일본에 소개되었음
은 물론이고, 오히려 점차 청국보다 빨리 번역 소개되었다는 점이다.24)
이처럼 일본에서 만국공법에 관한 관심이 고조된 것은 기본적으로는
실무적인 차원에서 서구의 국제관계를 규율하는 규칙이나 법규 등에
막부가 상대적으로 일찍이 깊은 관심을 가진 것이나 외국과의 교제를
담당하는 실무자의 차원에서 교본을 찾아야 하는 현실적 이유가 있었음
은 두말할 나위도 없다. 하지만 이 어려운 서적이 일반 지식인이나
사무라이들에게 그토록 반향을 일으킨 보다 근본적인 이유는 앞서
잠시 언급한대로 '외압'과 열도 내부의 위기감의 접점에 만국공법이
위치하고 있었기 때문일 것이다. 중화제국을 유린할 힘을 가진 서구국
가들 간에 통용되는 국가 간 관계란 대체 어떤 것이며 기존의 중국적

최초로 사용) 1876년에는 蕃地事務局 譯, 大音龍太郎 校正,
『堅土氏萬國公法』(洋裝1冊, 미국의 켄트(James Kent)의 저서
*Commentaries on International Law*를 완역한 것으로 대만정
벌 후 청국과의 관계조정을 위해 국제법의 지식이 요청되어
번역한 것) 1877년에는 荒川邦藏, 木下周一 譯, 『海氏 萬國公法』
(洋裝1冊, 독일의 국제법학자 헤프터(August Wilhelm Heffter)
의 저서 *Das Europäische Völkerrecht der Gegenwart*를 불란
서역으로부터 번역한 것) 1878년에는 마틴 譯 『訓点 公法便覽』
(洋裝1冊, 울지의 저서에 대한 마틴의 한역에 훈점을 받여 출판
한 것) 1881년에는 마틴 譯 『公法會通』(和裝5冊, 마틴이 블른츨
리(Johann C. Bluntschli)의 저서 *Das Moderne Völkerrecht*
*der Civilisierten Staaten als Rechtsbuch Dargestellt*를 한역한
것에 훈점을 붙여 출판한 것) 등이 그것이다.
24) 마틴의 3대 번역이라 할 수 있는 『萬國公法』(1864)『公法便
覽』(1877)『公法會通』(1880)은 중국에서 번역되어 나오자 곧
일본에 소개되었다. 뿐만 아니라 울지의 저서는 『公法便覽』으로
한역되기(1877) 수년 전에 이미 번역(1872)되었으며, 마르텐스
의 저서 역시 『星軺指掌』으로 한역되기(1876) 훨씬 이전에 번
역, 소개(1869)되었다.

[표 2-2] 메이지유신 전후 일본에 소개된 휘튼의 국제법 저서에 관한 번역서 일람

간행년도	번역서명	번역자	특기사항
1865	『萬國公法』	마틴	和裝6冊
1868	『萬國公法釋義』	堤穀士志	4冊, 마틴의 漢譯의 日譯, 原文의 제2권 제2장 제3절까지
	『交道起源 一名 萬國公法全書一號』	瓜生三寅	和裝3冊, 휘튼의 英文原著를 직접 翻譯, 제1권 제1장 제12절까지
1870	『和譯萬國公法』	重野安繹	和裝3冊, 마틴의 漢譯原文과 日譯을 함께 수록. 제1권 제2장까지
1875	『萬國公法』 (始戰論)	大築拙藏	和裝2冊, 司法省 메이지寮의 명령에 의한 것, 휘튼의 英文原著를 직접 번역한 것으로 제4권제1장의 전쟁개시 부분을 번역한 것. 이 무렵 대만정벌이 이루어짐에 따라 출판됨
1876	『萬國公法蠡管』	高谷龍注	和裝8冊, 마틴의 漢譯을 싣고 필요에 따라 漢文에 註釋을 붙인 것
1882	『惠頓氏萬國公法』	大築拙藏	洋裝1冊, 司法省의 명령에 의해 휘튼의 英文原著를 직접 完譯한 것

천하질서와는 어떻게 다른 것인가 하는 문제는 중화질서의 주변에서 화이사상을 섭취하고 있던 일본, 더 정확하게는 막부를 비롯한 지배세력과 지사(志士)라고 불리던 하급 사무라이들, 그리고 지식인들의 최대의 관심이 아닐 수 없었던 것이다.25)

막말기(幕末期)에 만국공법이 일본열도에 어떻게 이해되고 있었는가를 논하기는 뒤에서 다루게 될 메이지 시기(明治期)에 비해 훨씬 어렵다. 왜냐하면 개인에 있어 '정치적 인식'과 '정책', '정치적 표현'이 얼마든지 다르게 나타날 수 있다는 것을 감안할 때,26) 막말의 정치적

25) 이러한 만국공법의 문명사적 의미는 흔히 간과되어 왔다. 조선의 개화기를 다루는 저작들에서도 거의 예외 없이 드러나는 사실이다. 간혹 국제법 서적으로서의 만국공법에 주목한 노작이 있기는 하지만 그 문명사적 의미에 대한 고민이 결여되어 있는 것은 인정하고 싶지 않은 현실이 아닐 수 없다.

혼돈, 다양한 정치 세력들—막부권력, 사쓰마(薩摩), 조슈(長州)로 대표되는 강력한 번(雄藩), 조정—과 애국적 열정에 불타는 하급무사들이 할거하고, 이들 각자의 정치적 입장이 고정된 것이 아니라 계속 변화하던 상황에서 이를 포착해 내는 것은 난제이기 때문이다. 서양을 견문하고 돌아온 인물들이 「만국공법」의 세계를 일본의 국제무대 등장의 규범으로서 긍정적으로 인식하였다면,27) 당시 중국을 보고 돌아온 인물들은 반식민지화의 위험성에 사로잡혀 부정적으로 서구를 이해하고 있었다.28)

그럼에도 불구하고 분명한 것은 막부 말기 만국공법이 국제관계를 규율하는 규범의 차원을 넘어서 국내를 비롯하여 만국에 통용되는 보편적인 원리로서 이해되는 경향을 보였다는 사실이다.29) 이것은

26) 대외관 분석의 시점으로 '대외인식'과 '정책'을 구분할 것을 제시한 관련 연구로서는 入江昭, 『日本の外交』(1966); 坂野潤治, 『明治・思想の実像』(創文社, 1977) 등이 참고가 된다.
27) 가령 후쿠자와 유키치의 최초의 저작인 『唐人往來』(1865)에서는 "유일의 도리를 지켜서 행동하면, 적이 대국이라도 무서울 것이없고 병력이 약하더라도 타인의 모멸을 받지 않으리"라고 하는 것이나 (慶應義塾編, 『福澤諭吉全集』1卷 岩波書店, p.21), 1866년 11월 7일자 서신에서, "오늘날 한나라의 문명개화를 방해하는 자는 세계의 죄인이어서, 만국공법이 용서하지 않을 것"이라고 하고 있다. (『福澤諭吉全集』17卷, p.31)
28) 다카스기 신사쿠(高杉晋作, 1839-1867)는 그 대표적인 예라고 할 것이다. 松本弘陽, 『日本思想大系 66: 西洋見聞集』解説(岩波書店, 1974); 오쿠마 시게노부(大隈重信, 1838-1922), 요코이 쇼난(橫井小楠, 1809-1869), 사카모토 료마(坂本竜馬, 1836-1867)의 만국공법 이해에 대해서는 尾佐竹猛, 『近世日本の国際観念の発達』(共立社, 1932), pp.35-37
29) 渡辺浩, 「조선국, 일본국 관계와 '도리': 17-19세기」『21世紀韓日関係』(법문사, 1997)

말할 필요도 없이 마틴의 한역본인『만국공법』에서 나타나는 다분히 자연법적 성격과 긴밀하게 연관관계를 갖는 것이다. 하지만 일본판 만국공법들이 마틴의 번역 이상으로 자연법적 사상이 강조되었다는 분석에서도 알 수 있는 바와 같이,30) 마틴의 번역에 대한 평가와는 상관없이『만국공법』」에는 유교문명권에 친화적 요소를 많이 담고 있었고 이러한 요소가 처음 공법이 이해되는 과정에서 전통적인 도리 (道理)와 같은 보편원리로서 인식되는 주된 요인이 되었다는 사실은 주목되지 않으면 안 될 것이다.31)

30) 住吉良人,「明治初期における国際法の導入」『国際法外交雜誌』76권(1978)

31) 휘튼의 책 제1권 1장의 1절에는 공법이 정의의 원칙(the principles of Justice)에 그 연원(Source)을 둔다고 밝히고 있다. 휘튼의 국제법 서적이 국제법사(國際法史)에 있어서 자연법주의에서 실정법주의로 전환되는 과도기에 위치하여 절충적인 성격이 강하였다는 것은 여러 연구에서 이미 지적되었다. 더구나 그것이 선교사 마틴에 의해 번역되는 과정에서 자연법(自然法)적 혹은 성법(性法)적 성격이 강조되면서 서구 근대 국제법에 관한 이미지가 동아시아문명권에서 왜곡되어 인식되어질 소지가 한층 커지게 되었다는 지적도 제기된 바 있다(尾佐作猛, 김용구 등). 이에 대해 기독교 문명권과 유교권역의 차이라는 문제를 감안할 때 당시 상황에서 시대와 장소에 합치하는 번역이었다는 반론도 꾸준히 제기되고 있다. 여기에서는 실정법 특유의 선점의 원리, 무차별전쟁의 원칙, 영사재판제도를 정확히 이해, 번역하고 있다는 점이 그 근거로 제시된다.(住吉良人, 田岡良一 등) 아무튼 마틴의 번역을 둘러싼 논쟁은 타문명과의 접촉에서 '번역'이 갖는 문명사적 함의를 함축하는 전형적인 경우가 될 것이다. 예컨대 마루야마 마사오의 경우는 처음에는 마틴의 번역에 대한 문제를 비판적으로 지적하는 입장이었으나 점차 문명사적인 문맥에서 상당히 호의적인 입장으로 변화하고 있다. 丸山眞男,「近代日本思想史における國家理性の問題」『展望』1949.1月; 丸山眞男,「黎明期の日本外交: 明治外交史上の政治家群像」『世界』1960.1, 丸山眞男, 加藤周一,『翻譯と日本の近代』(岩波

그렇다면 일본은 신국(神國)이며, 사해만국(四海萬國)은 모두 종국에는 일본의 지배에 귀속되리라고 보았던 국학자들은 당시 유행하던 『만국공법』을 어떻게 보았을까.[32] 만국에는 이를 통솔하는 군주가 없다 하고, 이들 국가 간의 관계는 평등하다고 일컫는 만국공법이 국학자들의 입장과 근본적으로 충돌하는 것이라는 것은 두말할 나위도 없을 것이다. 그런데 흥미로운 것은 앞서 언급한 '보편원리 혹은 도리로서의 만국공법'이라는 인식이 이들 국학자들에게도 수용되고 있음이 확인된다는 것이다. 막말기 영향력 있는 국학자 오구니 다카마사(大國

新書, 1998) 아무튼 마틴의 번역을 둘러싼 논쟁은 서로 다른 사유체계를 갖는 이질적인 타문명과의 접촉에서 '번역'이 갖는 문명사적 함의를 함축한 전형적인 경우라고 할 수 있을 것이다. 이러한 의미에서 마틴의 번역은 이른바 '格義(對槪念)佛敎'의 경우와 비교 가능하다고 생각된다. 요컨대 인도 불교의 경전은 초기에 한역되는 과정에서 어떤 식으로든 중국인에 의해 이해될 수 있도록 번역되어져야만 했다. 따라서 중국인들에게 생경한 불교적 개념들은 중국에 존재하던 도가철학과 같은 개념을 통해 설명되어야 했고, 유교의 도덕률에 어긋나는 표현들은 수정되거나 삭제되기도 하였다. 이처럼 외래사상으로서의 불교사상이 유사한 개념을 지닌 토착사상과 짝지워지는 방식을 '뜻맞추기'라는 의미에서 격의체제(格義體制)라고 불렀으며 이에 기초한 불교를 격의불교(格義佛敎)라고 한다. 이러한 의미에서 격의불교는 상이한 사유체계를 비롯한 이질적인 문명 간의 접촉과정에서 고유 관념과 외래 관념 간에 상호적인 침투 현상이 벌어지게 되는 하나의 중요한 역사적 사례라고 할 수 있을 것이다. 격의불교 등 초기의 불경 번역 과정에 대해서는 Wright, A.F., *Buddhism in Chinese History*, Stanford Univ. Press, 1959, pp.35-36; 中村元·福永光司·田村芳郎·今野達編, 『岩波佛敎辭典』(東京: 岩波書店, 1989), p.111; 津田左右吉, 『シナ佛敎の硏究』(東京: 岩波書店, 1957) 第2篇

32) 막부 말기 이후 국학자 및 신도 측의 인물들이 대거 정계에 등장하게 된다. 이에 대해서는 安丸良夫, 『近代天皇像の形成』(岩波書店, 1992), pp.167-186

隆正, 1792-1871)의 『신진공법론(新眞公法論)』(1867)은, 당시 국학자들의 공법관은 물론 일본의 만국공법에 관한 이해를 전체적으로 가늠하게 해준다는 점에서 특히 주목된다. 그 요지만을 간단히 소개하면, '유교와 불교 등은 낡은 공법(舊公法)이라 할 수 있으며, 호가(虎哥, 그로티우스)의 만국공법은 새로운 공법(新公法)이라 할 수 있다, 하지만 진정한 공법(眞公法)은 일본의 천황이 지구상의 만국을 관할하는 것이다. 서양의 공법학은 진정한 공법은 아니지만 일본으로부터 진정한 공법이 나오기까지는 만국에서 통용될 만하다'는 것이다.33) 이처럼 막부시대 말기에 만국공법은 유교와 불교를 대체하는 보편원리 즉 보편성을 체현한 새로운 문명원리로 이해되어갔다.

마틴이 후일 그의 회고록에서 밝힌 대로 "서양제국의 정치행동이 '도리'에 의해 좌우되는 것으로 무력이 유일의 법이 아니라는 것을 이 번역을 통해 중국인이 이해하길 바란다"34)는 그의 번역의 취지는 이와 같이 중국이 아닌 일본열도 내에서 수용되었다고 할 수 있다.35)

---

33) 오구니 다카마사(大國隆正)의 『新眞公法論』(1867); 이러한 인식은 다른 국학자 八田知紀의 저서 『大公法論略』이나 『大理論略』(1867)에서도 거의 같은 맥락으로 나타난다. 이치(理)에는 큰 이치(大理)와 작은 이치(小理)가 있는데, 황도(皇道)가 전자라면, 만국공법에서 논하는 천법(天法), 왕법(王法), 성법(性法), 이법(理法) 등은 후자에 해당한다고 주장한다. 국학자들의 공법관에 대해서는 吉野作造, 「我國近代史における政治意識の發生」(1927), 『吉野作造選集』11卷(岩波書店, 1995), pp.270-279에 수록

34) Martin, W. A. P., *A Cycle of Cathay*(New York: Fleming H. Revell, 1900)

35) 이러한 사실은 중국의 경우 만국공법이 번역된 이후로도 기존의 전통적 문명 관념이 그대로 지속되었던 것과는 여러 가지로 대조적이다. 공법의 번역 이후에도 중국에서는 여전히

그러나 얼마 전까지 이적으로 간주되던 서구세력이 설령 군사력과 과학기술이 앞섰다는 것을 막부 지도층을 비롯한 일부 정치세력에 인정하였다고 해서 서구세력이 일본열도에서 문명으로 간주되었다는 것은 아니다. 막부시대 말기에 서구의 국제관계가 투쟁적이라는 인식, 혹은 군사적인 위협으로서의 서구 이미지는 적어도 왕정복고(王政復古)가 이루어지는 순간까지는 지배적인 것이었다. 그것은 막부를 무너뜨린 에네르기가 외압에 대한 위기감, 현실적으로는 '존황양이'라는 기치에 담겨 있었다는 사실을 상기해 보더라도 명백한 것이었다.

기존의 화이사상이 지속된 데 대해서는 張嘉寧, "『萬國公法』成立事情と翻譯問題: その中國譯と和譯をめぐって"; 佐藤愼一, 앞의 논문 등에서 다루어진 바 있다. 동아시아에서 근대문화의 형성이 진행된 형태는 외래(外來)와 고유(固有)라는 신구(新舊) 두 가지 관념의 대항과 친화라는 교착 안에서 진행되었다. 이는 서양 선진제국에 의해 근대 국제질서로 편입되었던 모든 국가, 특히 유구한 역사와 전통문화를 간직한 비서구국가에는 어떤 식으로든 공통적으로 나타날 수밖에 없는 현상이었다. 동아시아의 근대에 대한 비교연구의 필요성은 여기서 비롯되는 것이다. 비교사(比較史)의 시각이란 주관적 혹은 자의적으로 빠지기 쉬운 역사 해석에 상대적 관점이라는 차원의 시선을 도입함으로써 객관적 긴장감을 부여할 수 있다는 매력을 지니고 있기 때문이다. 다만 이러한 개연성이란 실제로는 사실(史実)에 대한 천착이 상당정도 축적되어 있다는 것을 전제로 한다. 따라서 각각의 역사와 문화를 깊이 천착하지 않은 채 이들 국가의 근대를 이해하거나 비교한다는 것은 피상적인 관찰에 머무르지 않을 수 없을 것이다. 그렇지 않은 비교란 자칫 그 논의의 수준을 자족적이고 피상적인 수준으로 표준화시켜, 오히려 당대 공간의 진면목, 생생한 삶의 고투와 긴장감을 이해하는 데 장애가 되기도 한다. 여기에 비교연구의 어려움이 있다.

4. 메이지유신과 공법의 활용

막부시대 말기의 혼란의 과정에서 국체론의 '존황'과 '양이'의 논리는 분리되어 존황론은 막부 타도(倒幕)와 왕정복고(王政復古)라는 논리에 이르게 되고 이후 드라마틱한 과정을 거쳐 일본열도에 새로 성립한 신정부는 '양이론'에서 '문명개화론'으로 이른바 '전향'을 하게 된다. 즉 메이지 정부는 존황론과 문명개화론이라고 하는 이질적인 요소, 환언하면 복고적 성격과 혁신적 성격의 결합체로서 출발하게 된 것이다. 하지만 존황양이를 기치로 내건 막부 타도 세력이 왕정복고 이후 지금까지의 자신의 대외적 원칙이었던 '양이론'을 뒤집어 오히려 이를 억누르면서 '개국화친'을 주장한다는 것이 '현실정치'의 장에서 어떻게 현실적으로 통용될 수 있었던 것일까.

이러한 국가적 방향전환을 성사시키기 위해서 메이지 신정부에 의해 채택되어 널리 선전된 것이 바로 '국제사회를 지배하는 보편적 규범으로서의 만국공법'이라는 존재였다. 유신정부의 「대외화친, 국위 선양의 포고」(1868년 1월 15일)는 이러한 전향을 명시적으로 선언한 것으로서, 유신정부가 구막부의 조약 및 채무를 포함한 외교관계를 계승할 것이며, 이제부터 천하의 공법(宇內の公法) 즉, 만국공법에 따라 외국과의 교류를 할 것이며 유신정부가 구막부의 조약 및 채무를 포함한 외교관계를 계승할 것임을 다음과 같이 밝히고 있다.[36]

36) 유신정부가 구막부의 조약을 계승하겠다는 의지를 천명한 것은 『만국공법』의 제1권 제2장 11절 「易君變法=International effects of a change in the person of the sovereign or in the internal constitution of the State」에 근거하여 이루어진 것으로 생각된다.

외국과의 의례는 선제(先帝=孝明天皇, 재위기간 1846-1866)가 다년 간 걱정하신 것으로서 막부의 실수와 착오로 인하여 오늘에 이르게 되었지만, 세태가 크게 일변하여 대세가 참으로 막을 수 없으므로 과감히 화친조약을 체결하게 되었다. [……] 다만 지금까지 막부가 체결한 조약 중에는 폐해가 있어 이해득실을 공정하게 논의한 결과 개혁해야 하겠으나, 역시 외국과의 교제의례는 '우내지공법(宇內之公法)'으로 다루어야 하는 것을 이해해야 한다.[37]

며칠 후 메이지 신정부가 최초로 개국방침을 선언한 「개국 대방침의 천명」(1868년 2월 17일)은 세계의 대세가 만국공법에 의해 운용되어가고 있으니 국제사회에 합류해야 한다고 더욱 강조하고 있다.

일시 막부의 실책이라고 하면서도 황국 정부(=일본)에서 서약한 것은 그때그때의 득실에 따라 그 조목은 개정되어야 하겠지만, 그 큰 틀에서는 함부로 움직일 수 없는 만국 보통의 공법(萬國普通之公法)이고, 이제 와서 조정에서 이것을 변혁한다면 오히려 해외 각국에 신의를 상실하게 되며 참으로 쉽지 않은 대사(大事)이기에 금지될 수 없다. 막부에서 정한 조약으로 이미 화친을 체결하였으니 황국 고유의 국체(國體)와 만국공법을 참작하여 채용하도록 한 것은 막을 수 없는 것이다.[38]

한편 메이지 초기 신정부가 제시한 국시(國是)라고 할 수 있는 이른바 「5개조 서문(五箇條の御誓文)」에는 새로운 국제질서의 문명

---

37) 「對外和親, 國威宣揚の布告」(明治元年正月15日) 『日本近代思想大系12: 對外觀』(岩波書店, 1988), p.3
38) 「開國大方針의 闡明」(1868년 2월 17일); 太政官編, 『復古記』 卷2(東京: 內外書籍, 1930), p.398

기준을 만국공법에 의거하여 설명하고 이를 본격적으로 수용하겠다는 의지가 잘 드러난다고 할 수 있다.39) 즉 국시의 네 번째 항목과 다섯 번째 항목을 보면 다음과 같다.

1. 예로부터의 좋지 못한 습관을 버리고 '천지의 공도'에 근거해야 한다.
1. 지식을 세계에 구하고 크게 황기(皇基)를 진기(振起)해야 한다.

즉 위의 내용은 의역하면, '예전부터 전래되어온 누습(陋習)을 깨고 '천지(天地)의 공도(公道)'인 만국공법을 새로운 시대의 문명 기준으로 하여 세계로부터 문명을 능동적으로 배우고 익혀 일본국의 기초를 적극적으로 다져 나가겠다'는 의미를 지니며, '만국공법으로 상징되는 새로운 시대를 열어가겠다는 태도를 천명'하고 있음을 알 수 있다.40) 일찍이 다이쇼(大正)시기의 정치학자, 요시노 사쿠조(吉野

---

39) 「王政復古의 大號令」(1867년 12월 9일)과 「개국대방침의 천명」(1868년 2월 17일) 이후 같은 해 3월 14일, 천황의 명의로 새로운 통치방침이 하사되는데 이것이 「5개조 서문(五箇條の御誓文)」과 「國威宣揚의 宸翰」이다. 천황은 이를 국시로 해서 '협심노력'할 것을 당부한 것으로 알려졌는데, 이 같은 방침이 관제(官制)에 구체화되어 나타난 것이 윤4월에 삼권분립의 원칙을 기조로 해서 발포된 「정체서(政體書)」임은 주지하는 바와 같다.

40) 예컨대 마루야마 마사오는 '천지의 공도'라는 표현에 대해서 유교식의 조어법의 뉘앙스가 풍기지만 막부 말기에 사용된 이 말의 의미는 만국공법을 염두에 둔 것이며, 따라서 「5개조 서문」의 문맥은 만국공법에 의거하여 신시대를 열겠다는 자세를 표현한 것이라고 해석하고 있다. 丸山眞男, 『翻譯と日本の近代』(岩波書店, 1998), p.120; 마루야마의 근대 일본사 연구에 있어서 만국공법에 관한 관심은 특별한 것일 수밖에 없다. 왜냐하면 그의 연구 주제의 한 축이 바로 '문화접촉에 의한 사상변용'이라

作造, 1878-1933)는 이와 관련해서 다음과 같이 지적한 바 있다.

우리는 외국인을 이적금수로 생각해왔다. 따라서 그들과 결코 사귀려 하지 않았던 것이다. 그런데 잘 들어보니 그들도 천하의 공의(宇內の公義)에 대해 이해하고 있으며, 우리들에 대해서는 천지의 공도(天地の公道)로서 교제한다고 하니 우리도 또한 그들의 이른바 공법을 사용해야 하지 않겠는가. 함부로 이를 배척한다면 예로부터 전해오는 인의의 도(仁義の道)를 저버리는 것일 뿐 아니라, 필시 그들의 업신여김을 당하게 될 것이다. 라고 (메이지 신정부는)말하곤 했다. 이렇게 적극적으로 공도(公道)를 남용한 것은, 대외관계에 있어 정부의 새로운 태도를 변호한 것이었다. 실제 메이지 초기에는 공법(公法)이다 공론(公論)이다 공도(公道)다 하는 말이 대단히 유행하였다. '문명개화(文明開化)'나 '자주자유(自主自由)'의 문자와 함께, 그림 등에도 이 말을 써서 득의양양해 하였음은 주지하는 바와 같다. 단 당시 공도(公道)나 공법(公法)은 모두 구별 없이 쓰였다. '공도'라고 하든 '공법'이라고 하든 같은 것을 의미하는 것이다. 이때 공법이 본래 「만국공법」을 말한다는 것은 두말할 필요도 없는 것으로, 정부가 이 문자를 끌어다 쓰기 시작한 것도 바로 이러한 의미에서 였으리라. 하지만 사람들에게 이렇게(직접적으로 만국공법과의 관련 속에서) 받아들

는 문제였기 때문이다. 그의 이러한 관심을 특히 명료하게 보여 주는 것이 위의 책과 그가 편집에 참여한 『開國=日本近代思想大系1卷』과 『忠誠と反逆』(1992)에 수록된 '開國', '近代日本思想史における國家異性の問題'라는 논문이다. 한편 메이지정부의 만국공법을 통한 서구 근대 국제질서 이해와 결의는, 19세기 말 고종황제가 '구본신참(舊本新參)'을 기치로 하여 광무개혁을 추진하는 과정에서 취한 조치와 많은 점에서 비교분석이 가능할 것이다. 고종황제의 '구본신참'의 의미와 만국공법과의 관계에 대해서는, 강상규, 「고종의 대내외 정세인식과 대한제국 외교의 배경」 한영우편, 『대한제국은 근대국가인가』(푸른역사, 2006)에서 다루어진 바 있다.

여지지는 않았다. 인간교제의 도리(人間交際の道)라는 정도로 이해되었던 것이다. 법률과 도덕의 구별도 아직 제대로 이루어지지 않았다는 것을 감안하면 막연히 예전부터 전해 내려오는 '선왕의 도(先王の道)'를 대신하는 것 정도로 이해되었다고 판단된다.[41]

41) 吉野作造,「我國近代史に於ける政治意識の發生」(1927),『吉野作造選集』11(東京: 岩波書店, 1995), pp.226~227; 민본주의를 주창하여 다이쇼시기(大正期, 1912~1925) 데모크라시의 상징적 인물로 알려진 요시노 사쿠조는 1921년 이래 줄곧 메이지 연구에 몰두하게 된다. "내가 연구하려는 주제는, 오랜 기간 봉건제도에 억눌려 천하를 다루는 정치에 입을 놀리는 것이 일대죄악이라고 배워왔던 일본 국민이, 근대에 이르러 어떻게 돌연 정치를 자신의 일이라고 확신하기에 이르게 되었는지를 천명하는 것에 있다. [……] 요컨대 정치는 이미 관리들의 일이 아니라 우리들 국민의 일이며, 또한 그렇게 되어야 한다고 하였다. 그런데 이러한 정치의식을 당시의 일본인이 갖게 된 것이 전혀 이상할 것이 없는 것처럼 여기곤 하는데, 그러나 그것은 오늘의 시각에서 생각한 것이다. 그러나 메이지유신 당시의 상황에 깊숙이 몸을 맡긴 채 생각해보면, 실로 그것은 대단한 사건이 아닐 수 없다."(前揭論文, p.223) 당시 현실정치에 대한 예리한 비판으로 유명한 그가 이처럼 메이지 정치 문화연구에 몰두한 이유는 일본정치의 개혁과 그 실태를 해명하려는 의도에서 비롯된 것이었다. 요시노는 항간에 회자되는 천황중심의 메이지에 대한 이해가 사실과는 대단히 동떨어진 것이라는 인식 하에 이후『明治文化全集』24卷을 편집 간행하였는데, 이러한 그의 열정이 집대성되어 씌어진 논문이 바로 만국공법을 중심으로 일본의 메이지 초기를 분석한「我國近代史に於ける政治意識の發生」(1927)이다. 요시노 사쿠조의 메이지시대 연구의 핵심은 요컨대 유신을 전후하여 근대적 정치의식이 발생하는 전환기적 상황에서 만국공법이 어떻게 정치적, 사상적인 매개고리로서의 역할을 담당하게 되는가를 해명하는 데 있다고 해도 과언이 아닐 것이다. 이후 요시노의 문제의식과 연구 성과를 받아들여 보다 체계화시켜 놓은 것은 아마도 앞서 잠시 언급한 로야마 마사미치(蠟山政道)의『日本における近代政治學の發達』(1949)일 것이다.

메이지 정부는 지금까지 일반화된 투쟁적 이미지와는 달리 서양세계에도 '보편적 도리'가 지배한다는 인식을 널리 불러일으켜야 했던 것이다. 서양 과학기술을 비롯한 서구문물의 섭취는 일본이 기왕에 중국문명과 화이사상이라는 발달된 외래문명을 수용해온 전통과도 맞닿아 있다는 인식도 눈에 띈다. 이렇게 전통적인 '도리'라는 관념을 매개로 하여 국제사회를 이해하고 모든 국가의 대등한 권리, 만국교제의 필요가 주창되어지면서 근대 제반 서구문명의 논리는 적극적인 수용 근거를 마련하게 된다. 이처럼 만국공법은 프로파간다의 근거로서 유신 당시의 정치가에 있어서는 실로 유용하게 활용되었으며, 개화를 논하는 지식인들에게 극히 인기 있는 것이 되지 않을 수 없었다. 메이지 초기부터 자유민권의 이념이 활발하게 거론될 수 있었던 것은, 봉건시대에 훈련되어 왔던 '도리'에 익숙한 일본인들에게 초월적 원리로서의 서양의 만국공법이라는 일종의 매개고리가 존재했기에 가능했던 것이다.42) 또한 삼권분립의 원칙을 기조로 하는 신식관제를 밝힌 『정체서(政體書)』(1868년 윤4월 21일)가 무엇보다 의거하고 있었던 것이 『만국공법』, 특히 '국가의 자치 자주의 권리를 논한'「제1권 제2장」이었으며, 그 중에서도 제24절의 아메리카의 국제(國制)를 설명한 부분이었다는 사실도 간과되어서는 안 될 것이다.43)

42) 이에 관해서는, 吉野作造(1929); 蠟山政道(1949); 丸山眞男(1949, 1998); 渡辺浩(1998) 등에서 이미 상세하게 논의된 바 있다.
43) 흔히 후쿠자와 유키치의 『서양사정』과 미국의 역사와 제도를 한역해서 소개한 『聯邦志略』이 『政體書』에 미친 영향이 주로 지적되어 왔으나(尾佐竹猛, 『維新前後に於ける立憲思想』), 이네다 쇼지(稻田正次)는 이보다 더 중요한 영향이 마틴의 한역본 『만국공법』이라는 것을 입증한 바 있다(稻田正次, 『明治憲法成

하지만 메이지 초기 정부 인사들의 만국공법에 대한 '인식'의 실제는 도리(道理)와 같은 식의 추상적이고 보편적인 입장이라기보다 현실적이고 복합적인 성격의 것이었음에 주목할 필요가 있다.[44] 예컨대 메이지유신의 3걸로 일컬어지는 기도 다카요시(木戶孝允, 1833-77)는 그의 일기에 '병력이 정비되어 있지 않을 때는 만국공법도 원래 신뢰할 수 없는 것이다, 약자에 대해서는 공법의 이름으로 이익을 도모하는 일이 적지 않으니 만국공법은 약자를 빼앗는 하나의 도구'라고 쓰고 있다.[45] 그리고 노무라(野村素介) 앞으로 보내는 서한에서 다음과 같이 만국공법에 대한 비관론을 제기하였다.

만국공법이 이렇다 저렇다 하는데, 이것 역시 남의 나라를 빼앗는 도구에 불과하므로 추호도 방심하지 말아야 한다. 오늘 종횡으로 왕래가 서로 열려 명목이 없으면 함부로 남의 나라를 빼앗을 수 없어 불가피하게 이러한 법을 세운 것이 아닌가하는 생각이 든다. 약소국이 이 법을 통해 빼앗고 강국이 이 법으로 인해 빼앗겼다는 말을 아직 들어보지 못하였으니, 도무지 안심할 수 없는 세계이다.[46]

立史』上(東京: 有斐閣, 1960) 이에 대해서는 井上勝生, 「萬國公法 解題」 참고, pp.479-480).

44) 개인에 있어 '정치적 인식'과 '정책', '정치적 표현'이 얼마든지 다르게 나타날 수 있으며, 대외관 분석의 시점으로 '대외인식'과 '정책'을 필요에 따라 구분하지 않으면 안 될 경우가 있음은 두말할 나위가 없을 것이다. 이를 체계적으로 언급한 관련 연구로서, 入江昭, 『日本の外交』(東京: 中央公論社, 1966); 坂野潤治, 『明治・思想の實像』(東京: 創文社, 1977) 등을 지적해둔다.

45) 『木戶孝允日記』1(東京: 東京大學, 1967) 「1868년 11월 8일자」, 芝原拓自, 「對外觀とナショナリズム」 『日本近代思想大系12: 對外觀』(岩波書店, 1988), pp.466-467

46) 「野村素介宛書翰, 1868年11月13日」 『木戶孝允文書』 卷 3 (東京: 日本史籍協會, 1930), p.188

얼마 후 내란(戊辰戰爭)이 실질적으로 일단락된 후 기도(木戶)가 정한론(征韓論)을 거론할 때(1869년 2월), '황국대흥기(皇國大興起)'를 위해 조선의 '무례함'을 정벌하는 것은 '만국공법(宇內の條理)'에 의거한 것이라고 주장한 것은 유명한 사실이다.47) 또한 메이지 정부에서 특히 대외방침의 결정에 주도적 역할을 담당하였던 이와쿠라 도모미(岩倉具視, 1825-83)는 외교 및 내치의 최고 현안을 지적한 의견서「外交・會計・蝦夷地開拓意見書」(1869년 2월)에서 봉건적 배외주의(排外主義)를 비판하면서도, 국제사회에서의 힘의 논리를 강조하고 자국의 독립을 보전하는 길은 부강 개명하는 길 이외에는 없다고 하면서 불평등 조약 개정의 의지를 처음으로 명확히 밝히고 있다.48) 2년 후 이와쿠라는 이와쿠라사절단의 목적과 사명을 명시한 다른 의견서「米歐使節派遣の事由書」를 통해 '서양제국 간에 있어서 만국공법이 통용되는 것과 대조적으로 동양제국의 공법으로부터의 소외되는 현상'을 지적하면서 일본의 헌법을 비롯한 여러 법률을 만국공법에 따라 제정하여 굴욕적인 조약을 개정해 나갈 것을 주장하게 된다.49)

---

47)「三條實美, 岩倉具視宛書翰, 1869年2月朔日」『木戶孝允文書』卷3(東京: 日本史籍協會, 1930), p.239; 永井秀夫,『明治國家形成期の外征と內政』(北海島大學, 1990), pp.397-398

48) 이 의견서는 국제적 신의를 국권강화를 위한 약소국의 자기주장의 거점으로 간주하고 치외법권 등의 불평등 현상을 거론하면서 조약 개정 의지를 처음으로 분명히 했다는 점에서 특히 주목된다. 이 의견서는 이후 북해도 개척사 설치(1869년 7월)와 구미파견사절단(일명 이와쿠라사절단, 1871) 등으로 구체화된다. 岩倉具視,「外交・會計・蝦夷地開拓意見書」,『日本近代思想大系12: 對外觀』(岩波書店, 1988), pp.5-12에 수록.

49)「大使派遣事由書」,『日本近代思想大系12: 對外觀』(岩波書店, 1988), pp.17-26에 수록.

하지만 메이지 정부는 만국공법에 근거한 국가 간 신의와 평등 관념에 입각해서 서구국가에 호소하는 조약 개정운동의 한계를 절감하게 된다. 그 결정적인 계기가 바로 이와쿠라사절단의 구미시찰이라는 사건이었다. 1871년 후반부터 거의 2년 간에 걸친 이와쿠라 도모미를 특명전권대사로 하는 구미사절단의 구미제국 시찰은 근대적 산업시설과 금융제도, 정치제도, 군대, 교육 등 다방면에 걸친 것이었다.50) 조약 개정 교섭에 실패한 일행은 제국주의 전야의 유럽 국제정치를 견문하고 서양문명의 양면성에 대한 확고한 인식을 갖게 된다.51) 적어

50) 사절단의 목적은 크게 조약 개정 교섭, 서구의 제도 및 문물의 시찰 두 가지로 요약할 수 있을 것이다. 그러나 최초로 방문한 미국에서 조약 개정 교섭이 현실적으로 불가능하다는 것을 깨닫고, 구미제국의 시찰에 전념하게 된다. 사절단에는 이와쿠라 도모미를 비롯하여, 오쿠보 도시미치(大久保利通, 1830-1878), 기도 다카요시(木戸孝允), 이토 히로부미(伊藤博文, 1841-1909) 등 메이지의 거물들이 대거 참여하고 있었다. 이와쿠라사절단에 대해서는 田中彰, 『「脫亞」の明治維新: 岩倉具視を追う旅から』(NHKブックス, 1984) 등이 참고하기 좋다.
51) 국제정세와 각국의 사정을 조사하던 사절단의 수뇌부가 서구제국 중에서 특히 프러시아의 정치체제에 주목한 것은 자국과의 공통된 사정에서 비롯된 것이다. 더욱이 프러시아의 재상 비스마르크(Otto von Bismarck, 1815-1898)나 몰트케 장군(Helmuth Moltke, 1800-1891)으로부터 듣게 된 정치외교의 철학은 수뇌부에게 매우 중요한 의미를 지니는 것이었다. "오늘날 세계 각국은 모두 친목과 예의로써 서로 사귄다고 하지만, 이는 완전히 표면상의 명분이며, 은밀한 곳에서는 강약이 서로 업신여기고, 대소가 서로 경시하는 실정이다. [……] 소위 (만국)공법이라는 것이 열국의 권리를 보전하는 법이라지만, 대국이 이익을 다투는 데 있어 이미 이로움이 있으면 공법을 붙들어 움직이지 못하게 하고, 만일 불리할 경우에는 병위(兵威)로써 이를 뒤집는다. 애초에 상수(常數)란 없는 것이다."(비스마르크, 久米邦武編, 『特命全權大使 米歐回覽實記』 3권(岩波書店, 1992), p.329), "법률, 정의, 자유의 이치는 국내를 보호할 수는 있지만,

도 이들의 눈에 비친 근대 서구의 국제질서란 '열국평등(列國平等)'
보다는 '약육강식', '만국대치' 상황에 가까운 것이었으며, 이는 일본
무사사회의 전통적 관념인 '실력상응원리'로서 해석되었다.52) 만국공
법은 약소국에 있어서는 어떠한 역할도 할 수 없으며, 국가의 자주적
권리를 잃지 않으려면 애국심을 고양시키고 국력을 진흥시켜 실력으로
서 국권을 보전해야 한다는 인식과 아울러, '소국이라는 관념에서
대국지향으로' 근대 일본의 지향할 방향을 바꾸어 설정하게 된다.

이러한 과정을 통해 일본의 위정자들은 일본이 만국공법으로 상징
되는 새로운 국제질서 '밖'에 놓여 있는 나라가 아니라 명실 공히
새로운 국제질서의 행위주체가 되는 것을 확고한 국가목표로 인식하게
된다. 이들에게 있어 불평등 조약의 개정이란, 단순히 불평등 조약이라
는 관계에서 빚어지는 현실적 불이익의 차원을 넘어서, 일본이 새로운
국제관계의 문명 기준을 충족시키는 완전한 구성원의 자격을 가지는가
그렇지 않는가라는 차원에서 더욱 중요한 문제라고 인식되었던 것으로
보인다. 이후 정한론을 둘러싸고 메이지 정부 내에 갈등이 비등해질
때 귀국한 이와쿠라 도모미가 천황 앞으로 보낸 의견서(1873년 10월)
에서 '조약 개정이야말로 국권을 회복하기 위한 유신 이래의 기본
과제이며, 이를 달성하려면 국정의 정비에 힘쓰고 문명진보의 길에

境外를 보호하는 것은 병력이 아니면 불가하다. 만국공법이란
단지 국력의 강약에 관련될 뿐으로, 국외중립해서 공법만을
의지하는 것은 소국이 하는 바이고, 대국에 이르러서는 국력으로
써 그 권리를 충족시켜야 한다"(몰트케, 久米邦武編, 같은 책,
p.340)

52) 坂本多加雄,「萬國公法と文明世界」『日本は自らの來歷を
語りうるか』(筑摩書房, 1994)

매진하는 것이 가장 시급한 것이며, 조선의 문제는 국력을 충실히 한 후에 해결해도 늦지 않다'고 단언한 것이나, 사절단에 참여한 세력이 확고하게 '내치'에 우선순위를 두고 반대파를 축출하게 되는 과정[西南戰爭]은 이러한 인식에 기반하는 것이었다.53)

한편 이처럼 막부 말기부터 메이지 초기에 존재한 '서구의 국제질서에는 힘을 초월하는 부분이 있다'는 믿음이 이렇게 깨져 가면서, 문명은 오로지 힘과의 관련성하에서 이해되어 진다. 이러한 노골적인 권력관계를 뒷받침하는 것으로서 '개화의 등급'으로 표현된 '문명 대 야만'의 세계관이 있었고, 거기에서 국권론적 성격을 띤 부국강병의 요청이 자연스레 부상하게 되었던 것이다.54) 서구문명에 눈뜨지 못한

53) 岩倉具視, 多田好問編, 『岩倉公實記』下卷(岩倉公舊蹟保存會, 1927) 이에 대해서는 芝原拓自, 「對外觀とナショナリズム」 『近代日本思想大系12: 對外觀』, pp.469~471

54) 후쿠자와 유키치의 만국공법관의 변화는 근대 일본의 대외관념의 변용을 보여주는 하나의 전형적인 사례라고 할 수 있다. 후쿠자와는 최초의 저작인 『唐人往來』(1865)에서 "유일의 도리를 지켜서 행동하면, 적이 대국이라도 무서울 것이 없고 병력이 약하더라도 타인의 모멸을 받지 않으리"라고 하였다(慶應義塾 編, 『福澤諭吉全集』1卷, 岩波書店, p.21). 그리고 1866년 11월 7일자 후쿠자와 에이노스케(福澤英之助) 앞으로 보내는 서신에서는 "오늘날 한나라의 문명개화를 방해하는 자는 세계의 죄인이어서, 만국공법이 용서하지 않을 것"이라고 말한다(『福澤諭吉全集』17卷, p.31). 그런데 『通俗國權論』(1878)에서는 다음과 같이 언급하고 있다. "결국 지금의 금수와 같은 세계에서 최후에 호소해야할 길은 필사적인 수력(獸力)이 있을 뿐이다. 말하자면 두 가지 길이 있는데, 죽이는 것과 죽음을 당하는 것이다. 一身處世의 길 역시 이와 같다. 그렇다면 만국교제의 길도 또한 이와 다르지 않다. 화친조약이나 만국공법은 대단히 우아하게 보이지만 그것은 오직 명목상 그런 것이며, 교제의 실제는 권위를 다투고 이익을 탐하는 것에 불과한 것이다. 世界古今의 사실을 보라. 빈약무지(貧弱無智)의 소국이 조약과 만국

아시아의 일원이라는 '열등의식(劣亞)'은 개화에 무관심한 조선이나 중국에 대한 '멸시(蔑視) 관념'으로 자연스레 이어지고 있었다.[55]

이 무렵 만국공법에 대한 주요한 관심은 법의 본질이나 근원에 대한 근본적인 사상에 관한 탐구보다는 현재 구미의 선진국가 간에 실행되고 있는 실정법에 대한 구체적인 내용으로 이미 옮겨가 있었다.[56] 이는 울지(Theodore D. Woolsey)의 저작을 번역한 미즈쿠리

공법에 잘 의뢰하여 독립의 체면을 다한 사례가 없는 것은 모든 사람이 아는 바이다. 오직 소국뿐 아니라 대국 사이에서도 바로 대립하여 서로가 그 틈을 엿보며 파고 들어갈 틈이 있으면 그것을 간과하는 나라는 없다. 이것을 엿보고 이것을 살피며 아직 발하지 않는 것은 병력강약(兵力强弱)의 한 가지에 달려있을 뿐이며 그다지 의뢰할 수 있는 방편이 없다. 백 권의 만국공법은 여러 대의 대포만 못한 것이며, 여러 화친조약은 한 상자의 탄약만 못한 것이다. 대포와 탄약은 있을 수 있는 도리를 주장하는 준비가 아니라 없는 도리를 만드는 기계이다. 각국교제의 도(道)는 죽느냐 죽이느냐에 있을 뿐이다." 慶應義塾編『福澤諭吉全集』4卷 岩波書店, pp.636-637; "오늘날 세계에 만국공법이라고도 국가 간의 예의라고도 하는 법례(法禮)는, 오로지 표면을 가꾸는 허례허문에 불과하다. 실제 있는 그대로를 살펴보면, 이른바 약육강식 이것이야말로 국제관계의 진면목이며, 기댈 수 있는 것은 오로지 무력뿐이다."(福澤諭吉,「對外の進退」1897.11.28『福澤諭吉全集』16卷, pp.163-165)

55) 일찍이 도야마 시게키(遠山茂樹)는 메이지 초기 일본 대외 관념의 특징으로서, 국권회복을 위해 조약 개정을 메이지정부의 중심과제로 설정하면서도 동아시아 특히 조선에 대해서는 마키아벨리즘적인 태도를 견지한 것이라고 지적한 바 있다. 遠山茂樹,「明治初年の外交意識」1962년 발표 논문『遠山茂樹著作集』2卷(岩波書店, 1992)에 수록.

56) 조약 개정을 위한 실증법 차원의 공법연구는 외국에서 고빙(雇聘)된 법률고문들의 활약을 거론하지 않고서는 제대로 이해될 수 없는 것이다. 개략적인 수준에서의 설명은 一又正雄,『日本の國際法學を築いた人々』(日本國際問題研究所, 1973)을 참조할 수 있다. 메이지 시기 다방면의 수많은 고빙 외국인들

린쇼(箕作麟祥, 1846-1897)의 『國際法, 一名萬國公法』(1873)의 번역
방식에서 그대로 드러난다. 역자는 처음의 제1조부터 35조까지의 부분
-여기서 저자는 국제법의 정의, 국제법 성립의 법률적 도덕적 기초,
국제법의 연원 등을 밝히고 있다-의 번역을 생략하고 있다. 이에 대해
역자의 설명은 '역자가 생략한 부분의 이론은 대단히 교묘하여, 그
의의를 이해하더라도 오늘날의 현실에 그다지 도움이 되지 않기 때문에
생략하였으며, 오직 현재의 국제교류 및 통상관계에 실질적 도움을
주기위해 36조부터 번역했다'고 되어 있다.57) 보편적인 도리의 이미지
가 강한 '만국공법'이라는 용어를 실정법적 뉘앙스를 주는 '국제법'으
로 바꾼 것도 이러한 역자의 의도에서 비롯된 것임은 더 이상 부언할
필요가 없을 것이다.58)

이처럼 실리적인 목적에서 진행된 실증 국제법에 관한 관심이
'군대'로 옮아가는 현실적인 계기는 조선의 임오군란(1882)이었던
것으로 알려지고 있다.59) 이 사건으로 군인간부들에게 국제법 지식의

이 근대 일본의 교사역할을 했던 양상은 그 자체가 앞으로의
중요한 연구과제가 아닐 수 없다.
57) 伊藤不二男, 「國際法」『近代日本思想史7: 近代日本法思想
史』(有斐閣, 1979), p.469
58) 일본에서 미즈쿠리 린쇼가 국제법이라는 용어를 사용한
후에도 만국공법이라는 용어는 계속 혼용되어 사용되었다. 1881
년 동경대학에서 국제법학과를 설치한 후 국제법이라는 용어가
서서히 정착되는 과정을 밟게 된다. 하지만 보편원리로서의
공법이 가지는 이미지를 활용해야할 필요성 때문에 만국공법,
만국교제의 법, 외국교제공법, 천하의 공법 등등의 용어는 상당
히 지속적으로 사용되었다.
59) 伊藤不二男, 앞의 논문, p.470 임오군란은 청과의 갈등이
표면화된다는 점에서 근대 일본의 국제관계가 긴박하게 돌아가
는 하나의 전기가 되는 사건이었다. 藤間生大, 『壬午軍乱と近代

필요성이 부각되어 육해군 학교 등에서 국제법 강의가 이루어지게 되고 실용적인 성격의 국제법 특히 전시법규(戰時法規) 등이 실제 현장에서 교범으로 사용되게 된다.60) 이후 일본이 청일전쟁과 러일전쟁을 문명의 전쟁이라고 선전한 것은 이러한 문맥과도 깊이 연관되는 것이었다.61)

東アジア世界の成立』(東京;春秋社, 1987)

60) 이후로 청일전쟁까지 육해군 학교에서 행해진 강의가 출판된 것으로 다음과 같은 것이 있다. 西周譯稿,『萬國公法手錄』((1882) 육군의 군인에 대해서 행해진 강의록, 陸戰의 법규를 간단히 해설한 것, 원본은 불명) 藤田隆三郎編述,『萬國公法・附判決例』((寶文社, 1891) 해군대학교에서 강의한 국제법의 요약 및 판례를 모토로 저술한 것, 권말에 판결 사례집이 붙어있는데, 주로 전시공법(戰時公法)의 판결이 중심이 되어 있다.) 態野敏三著,『國際法講義錄』((要塞砲兵幹部練習所, 1891) 포병간부 연습소에서 행해진 국제법 강의록)藤田隆三郎著,『海上萬國公法』((博文館, 1894) 해전에 관한 전쟁법규에 대해서 아메리카의 해군학교의 강의록 Marine International Law(1885)를 토대로 해군대학교에서 강연한 강의록, 해상포획에 관한 국제법규 부분만을 간단히 해설한 것) 이외에 직접 전장에서 군인들에게 도움을 주기위해 출판된 것도 있었다. 大谷熊太郎編纂,『萬國公議交戰條規』((有文堂, 1882) 1874년에 브뤼셀에서 열린 육전의 법규관례에 관한 만국회의의 결의를 번역한 것, 임오군란으로 시국이 절박할 때 출판된 것) 原敬譯,『陸戰公法』((報行社, 1894) 1880년 옥스포드에서 열린 국제법학회에서 결의된 陸戰法規案을 번역해서 간단한 주석을 첨가한 것, 청일전쟁이 시작되자 실전에 도움을 주기위해 출판) 信夫淳平,「我國における戰時國際法の發達」『國際法外交雜誌』42권 1호(1943), pp.17-18; 伊藤不二男, 앞의 논문, pp.470-471

61) 일본 정부는 청일, 러일 양전쟁에 육해군에 법률고문을 두어 종군시켰다. 육군에 전시법률 고문으로 파견된 아리가 나가오(有賀長雄, 1860-1921)는 실전경험을 바탕으로 쓴 그의 저서 La guerre sino-japonaise au point de vue du droit international(A. Pedone, 1896) 중에, "문명국민이 지켜야 할

5. 맺음말

　19세기 일본은, 1840년 아편전쟁과 1853년 흑선(黑船)의 내항으로 상징되는 서구문명의 대세와 이로 인해 예감되는 불길한 미래에 대해 스스로의 존재에 대한 회의에 부딪치며 양이론(攘夷論)을 내걸고 투쟁하기도 했고, 이와쿠라(岩倉)사절단을 파견하여 서구를 닥치는 대로 받아들이려고도 했다. 이러한 와중에서 순수하게 일본적이고 토착적인 것을 모색하려는 움직임도 나타났고 또한 언제부턴가 일본의 고유한 가치체계와 외래의 가치체계를 혼합하려는 상황도 발생했다. 바로 그 모든 위기와 모색의 접점에 '만국공법'이 위치하고 있었다. '만국공법'은 막부시대 말기에 전래된 후 메이지 초기에 걸쳐 서구의 군사력이나 과학기술의 우수성에 대한 인식을 서구문명 전반으로 확대시키는 매개적인 역할을 담당했음은 지금까지 살펴본 바와 같다. 유신 초기 만국공법에 입각한 국제신의, 국제평등이라는 관념이 메이지 정부에 의해 강조된 것이 국내적으로는 양이(攘夷)에서 대외 화친에로의 '전향'에 대한 정치적 정당성의 확보라는 정치적 맥락에서였다면, 대외적으로는 서양 제국에 대해서 약소국으로서 일본이 처한 상황에 대한 자기주장의 논거로서 주로 활용되고 있었다.

전시규율을 일본이 엄격히 준수한 것은 일본에 있어서 전시공법의 역사상 하나의 획을 긋는 사건일 뿐만 아니라, 세계 일반의 만국공법의 진보에 다대한 공헌을 행한 것"이라고 술회하면서, 일본이 '문명의 전쟁'을 수행한 당사자임을 강조한 바 있다. 이 저서는 먼저 불어로 쓰여져 유럽 국제법계의 호평을 받은 뒤 일본어로 번역되었다. 坂本多加雄, 「萬國公法と文明世界」 『日本は自らの來歷を語りうるか』(筑摩書房, 1994), pp.16-17

국제법은 그 자체로서 근대 서구문명의 '이중성'을 체현한 것이었다. 문명사적 전환기에 있어서 「만국공법」은 일본에서 근대문명 수용의 매개적 역할을 담당하는 과정에서 그 야누스적 양면성을 드러냈다. 유교적 화이사상이 지배적이던 일본열도에 만국공법이 전래된 후 전통사회에 흡인될 수 있었던 것은 전통적인 도리(道理)와 만국공법의 '자연법사상'과의 친화력 때문에 가능할 수 있었으며, 이러한 이유로 이적(夷狄)으로 간주되던 서구가 문명으로 인식될 수 있었다.62) 반면 국제법에 스며있는 유럽 기독교 문명의 편견과 그 국제정치적 측면을 간파하게 된 후에는 만국공법은 '실력상응의 원리'에 따라 '다시' 문명으로 해석되었다. 이처럼 만국공법은 근대 일본의 국내외 정치상황의 변화와 맞물려 그때그때 '문명의 상징'으로 이해되고, '문명의 문법'으로 활용되었던 것이다. 만국공법은, 본 논문에서는 구체적으로 다루지 않았지만, 이후 제국일본의 대외관계 교섭과정에서 표면적으로는 만국공법의 자연법적 성격과 그 보편적인 성격이 강조되었고, 실리를 다투는 현장에서는 실증법으로서의 공법(혹은 국제법)으로 활용되어졌다.

62) 이러한 논의를 보다 사상사적 관점에서 접근하면서, 이른바 화혼한재(和魂漢才)에서 화혼양재(和魂洋才)로의 전환을 논하고 있는 자극적인 연구로서 다음의 논의를 지적해둔다. 이즈카고지(飯塚浩二),「和洋折衷の方式: 内在的統一性に代わるものとしての表裏つかいわけの作法」『飯塚浩二著作集 1』(東京: 平凡社, 1974); 渡辺浩,「「進歩」と「中華」: 日本の場合」『アジアから考える5卷: 近代化像』(東京: 東京大學, 1994); Watanabe, Hiroshi, "They are almost the Same as the Ancient three Dynasties: The West as seen through Confucian Eyes in Nineteenth-Century Japan", in Tu, Wei-ming(ed.), *Confucian traditions in east Asian modernity: moral education and economic culture in Japan and the four mini-dragons* (Cambridge: Harvard univ. press, 1996)

일본의 만국공법 수용은 일본의 근대를 이해하기 위해서는 물론이고 문명사적 전환기 한국의 정치외교사를 이해하는 데도 중요한 의미를 갖는다.

한국 학계에서의 만국공법 이해는 대체로 국제법사의 차원을 크게 벗어나지 못하고 있다. 마틴 한역의 만국공법은 서양전래 서적 중 하나라는 차원으로 이해되어 그 국제정치적 측면이나 문명사적 측면이 아직 충분히 논의되었다고 하기는 어려운 실정이다. 문명사적 문맥과 함께, 만국공법의 구체적 내용이 현실 정치공간에서 어떻게 이해되고 활용되었는가를 분석하는 것은 앞으로 더욱 천착해 들어가야 할 과제이다.

참고문헌

1차 자료

Martin, W.A.P.(丁韙良) 訳, 『公法会通』(1880)(서울; 亜細亜文化社, 1981) 원본은 Bluntschli, Johann Kaspar, *Das moderne Volkerrecht der civilisirten Staaten als Rechtsbuch dargestelt*(1868)

Martin, W.A.P.(丁韙良) 訳, 『万国公法』(1864)(서울; 亜細亜文化社, 1981) 원본은 Wheaton, Henry, *Elements of International Law*(London & Philadelphia, 1836)의 6th edition, Little, Brown & Company, Boston, 1855

Martin, W.A.P.(丁韙良) 訳, 『公法便覧』(1877)(서울; 亜細亜文化社, 1981) 원본은 Woolsey, Theodore D., *Introduction to the Study of International Law*(1860)

重野安繹 訳, 『和訳万国公法』(鹿児島藩刊, 1870) 『日本近代思想体系: 翻訳の思想』(岩波書店, 1991) Henry Wheaton, Elements of International Law, 6th edition(Boston; Little Brown & Company, 1855)

日本開成所飜刻版, 『万国公法』(마틴訳, 『万国公法』(1864)의 1865년도 일본 수입판) 中, 「公法第一巻第2章」丸山真男 外編, 『日本近代思想大系1: 開国』(岩波書店, 1990)

久米邦武 編, 『特命全権大使: 米欧回覧実記』5 冊(岩波文庫, 1979)

西周, 大久保利謙編, 『西周全集』第2巻(宗高書房, 1966)

児玉幸多, 『標準 日本史年表』(吉川弘文館, 1996)

林春斎, 『華夷変態』(1674)上/中/下(東京: 東洋文庫, 1958)

慶応義塾 編, 『福沢諭吉全集』 1巻(岩波書店. 1969-1971)

芝原拓自 外篇, 『近代日本思想大系12: 対外観』(岩波書店, 1988)

2차 자료

金容九, 『세계관충돌의 국제정치학』(나남출판사, 1997)

_____, 「西洋国際法理論의 朝鮮伝来에 관한 小考」, 『泰東古典研究』 10집(서울, 1993)

金容九, 河英善 공편, 『한국외교사연구: 문헌해제』(나남출판사, 1996)

金昌禄, 「日本에서의 西洋憲法思想의 受容에 관한 연구」(서울대학 법학과 박사논문, 1994)

李光麟, 「韓国에 있어서의 万国公法의 受容과 그 影響」, 『韓国開化史 研究』 改訂版(一潮閣, 1993)

渡辺浩, 「「朝鮮国」「日本国」관계와 「道理」: 17-19세기」, 『21世紀 韓日関係』(法文社, 1996)

崔鍾庫, 『한국의 서양법수용사』(박영사, 1982)

李相冕, 「Korean Attitudes toward International Law after the Open-Door to the West(I, II)」, 서울대학교 『法学』 28권 3-4호, 29권 1호(1987, 1988)

裵載湜, 「Growth of the Law of Nations in the Yi Dynasty of Korea」, 서울대학교 『法学』 23권 4호(1982)

Beasley, W.G., *Japan encounters the Barbarian: Japanese Travellers in America and Europe*(Yale Univ., 1995)

Hsü, Immanuel C.Y., *Chinese Entrance into the Family of Nations*(Harvard Univ., 1968)

Nussbaum, A., *A Concise History of the Law of Nations*(Macmillan, N.Y., 1958)

Shinobu, J., "Vicissitudes of International Law in the modern History of Japan" 『国際法外交雑誌』 50巻3号(1951)

Gerschenkron, Alexander, *Economic Backwardness in Historical Perspective, A Book of Essays*(Cambridge: Harvard University Press, 1962)

姜尚中, 「福沢諭吉: 文明論とオリエンタリズム」, 『講座世界史3 民族と国家』(東京大学, 1995)

佐藤誠三郎, 『「死の跳躍」を超えて』(東京: 都市出版, 1992)

岡義武, 「国民的独立と国家理性」, 『日本近代思想史講座8=世界の中の日本』(筑摩書房, 1961)

遠山茂樹, 『遠山茂樹著作集2巻: 維新変革の諸相』(岩波書店, 1992)

宮地正人, 「幕末・明治前期における歴史認識の構造」, 『日本近代思想大系13: 歴史認識』(岩波書店, 1990)

吉野作造, 「我国近代史に於ける政治意識の発生」, 『吉野作造選集』 11(岩波書店, 1995), 「明治政治史の一節: 明治前後における公法の観念」1927年3月, 6月, 『政治学研究』2(岩波書店, 1927. 12)

_____, 「新井白石とヨワンシローテ」(1922), 『吉野作造選集』 11巻(岩波書店, 1995)

金鳳珍, 「東アジア三国の「開国」再考」, 『朝鮮近現代史論集』(明石, 1996)

_____, 「朝鮮の万国公法の受容: 開港前夜から甲申政変に至るまで」, 『北九州大学 外国語学部紀要』 第78号, 第80号

渡辺浩, 「進歩と中華: 日本の場合」, 『アジアから考える5』近代化像(東京大学, 1994)

尾佐竹猛, 『近世日本の国際観念の発達』(共立社, 1932)

松本三之介, 「吉野作造と明治文化研究」, 『吉野作造選集』11巻(岩波, 1995)

松沢弘陽, 『日本思想大系 66: 西洋見聞集』 解説(岩波書店, 1974)

_____, 『近代日本の形成と西洋経験』(岩波書店, 1993)

岸本美緒・宮嶋博史, 『明清と李朝の時代』(東京: 中央公論社, 1998)

植手通有, 「対外観の転回」, 『近代日本思想史体系 3: 近代日本政治思想史 I』(有斐閣, 1971)

安丸良夫, 『近代天皇像の形成』(岩波書店, 1992)

永井秀夫, 『明治国家形成期の外征と内政』(北海道大学, 1990)

伊藤不二男, 「国際法」, 『近代日本思想史体系 7: 近代日本法思想史』(有斐閣 1979)

一又正雄, 『日本の国際法学を築いた人々』(日本国際問題研究所, 1973)

張嘉寧, 「『万国公法』成立事情と翻訳問題: その中国語訳と和訳をめぐって」, 『日本 近代思想体系: 翻訳の思想』(岩波書店, 1988)

田岡良一, 「西周助『万国公法』」, 『国際法外交雑誌』 71巻1号(1972)

田畑茂二郎, 『国家平等観念の転換』(秋田屋刊, 1946)

田中彰, 「黒船来航から岩倉使節団へ」, 『日本近代思想大系1: 開国』(岩波書店, 1990)

_____, 『「脱亜」の明治維新: 岩倉具視を追う旅から』(NHKブックス, 1984)

佐藤慎一, 『近代中国の知識人と文明』(東京大学, 1996)

住吉良人, 「明治初期における国際法の導入」, 『国際法外交雑誌』 76巻 (1978)

芝原拓自 外篇, 『近代日本思想大系12: 対外観』(岩波書店, 1988)

簡井若水, 「現代国際法における文明の地位」, 『国際法外交雑誌』 66巻(1967)

坂野潤治, 『明治・思想の実像』(創文社, 1977)

坂本多加雄, 「万国公法と文明世界」, 『日本は自らの来歴を語りうるか』(筑摩書房, 1994)

丸山真男, 『日本政治思想史研究』(東京大学, 1952, 1983)

_____, 『忠誠と反逆: 転形期日本の精神史的位相』(筑摩書房, 1992)

_____, 「黎明期の日本外交: 明治外交史上の政治家群像」, 『丸山真男: 座談』4(岩波 書店, 1998)

_____, 加藤周一, 『翻訳と日本の近代』(岩波新書, 1998)

III

제국 일본의 자기정체성
모색과 국체론의 전개

1. 머리말

인간은 어떠한 변화의 와중에서 자신을 자신되게 하는 것이 무엇이며 자신을 다른 사람과 구별 짓게 하는 것은 무엇인가 하는 이른바 '정체성(identity)'의 문제에 부딪히게 된다. 이와 마찬가지로 집단을 이루어 문화를 공유하는 사회에서도 변화 혹은 위기의 상황에서 이러한 정체성의 설정이라는 문제가 나타나게 되는데, 이러한 경우에 자기 사회가 가지는 고유한 특성이나 문화가 가지는 의미를 보다 진지하게 자문하는 것은 자연스러운 일이다.

이 글에서 다루고자 하는 '근대 일본의 정신사'라고 하는 문제가 동서 문명의 폭력적 만남이라는 치열하고 생생한 위기의식에서 비롯된 일본의 자기정체성에 대한 고민과 조우하게 되는 것도 다름 아닌 이러한 이유에 근거한다. 그러고 보면 '일본인이란 누구인가', '일본의 국가목표란 무엇인가', '일본은 세계사와 어떠한 관계를 가지려하는가' 하는 일본의 자각적 물음은 비단 국제화를 표방한 오늘날의 일본에서 새삼스레 제기된 질문이 아닌 것은 분명하다.1) 탈냉전적 신국제질서

체계하에서, 아니 어쩌면 더 나아가 탈근대라는 문명사적 지각변동을
예감하고 있는 오늘의 일본열도에서 제기되는 위와 같은 자기정체성의
물음이, 진부하리 만큼 일본의 현대사에서 반복된다고 느껴지는 것도
사실은 이러한 역사적 맥락에서 비롯되는 것이다.2)

　19세기 중엽 이후 오늘에 이르기까지 나타난 일본의 독특한 위기의
식, 일본의 근대적 세계관이나 이와 조응하는 중간매개로서의 아시아
관, 이러한 세계인식과 대응하는 자기정체성의 모색 등과 관련된 그
핵심적 물음 등이 여태까지 한국학계에서 본격적으로 논의되지 않고
있는 것은 한국 근현대사의 역정(歷程)과 무관하지 않다고 이해할
수 있지만, 이러한 과정에서 비롯되는 지적 공동화(空洞化)의 결과는
고스란히 우리의 몫으로 남게 된다는 점 만큼은 상기하고 넘어갈
필요가 있다.

　19세기 일본은, 1840년 아편전쟁과 1853년 흑선(黑船)의 도래로
상징되는, 서구문명의 대세와 이로 인해 예감되는 불길한 미래에 대해

* 이 글은 원 논문「일본의 자기정체성에 관한 연구시론: 근대
일본의 에피스테메로서의 국체」『國際/地域硏究』7권 3호(서울
대 국제지역원, 1998)를 대폭 수정·보완한 것임.
1) 이러한 일본의 정체성에 대한 논의가 日本人論으로 일컬어지
는 이른바 日本文化論이다. 전후 일본문화론의 흐름에 대해서는
靑木保,『日本文化論の変容』(中央公論社, 1990)에 잘 정리되
어 있다. 패전을 전후한 일본의 정체성 논의의 연속성에 주목하
고 있는 흥미있는 논문으로서 坂本多加雄,「日本は自らの來歷
を語りうるか」,『日本は自らの來歷を語りうるか』(筑摩書房,
1994)를 지적해둔다.
2) 전후 일본에서 이른바 '망언'이 되풀이되는 것이나 대내외적
으로 정치적 이슈가 되었던 사건치고 일본의 '자기인식' 내지
'타자에 대한 인식'이라는 문제와 관련되지 않은 경우는 찾아보
기 어렵다.

스스로의 존재에 대한 회의에 부딪치며 양이론(攘夷論)을 내걸고 투쟁하기도 했고 이와쿠라(岩倉)사절단을 파견하여 서구를 닥치는 대로 빨아들이려고도 했다. 이러한 와중에서 순수하게 일본적이고 토착적인 것을 모색하려는 움직임도 나타났고 또한 언제부턴가 일본의 고유 가치체계와 외래의 가치체계를 혼합하려는 상황도 발생했다. 이처럼 서구의 문물 및 문화에 대한 '배척(exclusion)'과 '수용(acceptance)'이라는 모순되어 보이는 행위의 극단적인 두 개의 축은 일본인들의 '문화적 자존의식'과 스스로에게서 느끼는 현실적 왜소함에 근거한 '자기비하의 심리'라는 이중성(duality) 혹은 이중가치(ambivalence)와 맞물리는 것이어서 서로 긴밀히 연결된 것임을 간과해서는 안 된다.

메이지 이후 서구의 이론이나 가치체계가 물밀듯이 소개되면서 일본인들에게 서구는 대개 '서적'을 통해 이해되었거나 설령 외국에 대한 견문을 넓혔다 하더라도 대단히 피상적이고 작위적인 수준을 넘지 못했다. 이 과정에서 지식인들은 서구를 관념적으로 해석하는 경향을 보이면서 그에 대한 역상(逆像, inverse image)으로서 일본의 정체성에 대한 이미지(像, image)를 만들고자 했다. 캐롤 글럭 교수는 서구에 대한 작위적인 이해가 일본사회에 대한 관념적인 이해로 연결되었다는 사실을 다음과 같이 지적한 바 있다.

서구인들 자체는 문제가 된 적이 없다; 문제가 된 것은 일본인들의 자기정의(self-definition)의 필요에서 만들어진 서양(the West)이라는 개념이었다. 실제하는 서구(the real West)는 부적절한 것이었다(irrelevent); 상상되어진 서구인들은 충과 효를 행할 능력이 없었으며, 이 사실은 이러한 특성이

본질적으로 일본적인 것(Japanese)으로서 주장되기에 충분했다.[3]

　이러한 상황을 스테판 다나카 교수의 용어를 빌어 정리하면, 일본
은 19세기 중엽 이후 제국주의와 진보된 문명국이라는 모습으로 다가온
서구의 물리적, 지적 외압으로부터 빚어진 자기정체성의 상실 위기를
극복하기 위하여, '서양(西洋)'과 이에 대비되는 '동양(東洋)'이라는
이분법적 문명개념 안에서 자신들의 근대적 정체성(modern identity)
을 창출해냈으며 외부 세계와의 새로운 관계 설정을 가능케 했다고
할 수 있다.[4]

　근대 일본 제국이 사회진화론적 세계관에 입각하여 문명개화,
부국강병이라는 '시대정신(Zeitgeist)'에 몰입하는 과정에서 수행
한 조선에 대한 일련의 폭력적 개입이나 청일전쟁이나 러일전쟁이
라는 구체적 실천은, 인식론적 측면에서 '진보와 정체(progress &
stagnancy)'라는 하나의 단선적 프리즘을 통해서 본 '멸시와 극복의

3) Carol Gluck, *Japan's Modern Myths: Ideology in the
Late Meiji Period*(Princeton University Press, 1985), p.137
4) 스테판 다나카에 의하면 '동양'이라는 개념은 서구세력에
대한 동등한 의미부여를 위해 '서양'이라는 개념과 함께 새로운
의미로 창안된 19세기 일본적 개념이었다. 하지만 야마무로
신이치(山室信一)에 의하면 우리가 사용하는 의미의 동서양이
라는 명칭은 이미 18세기 초 아라이 하쿠세키(新井白石, 1657-
1725)의 『西洋紀聞』에서부터 일본에서 사용되어 왔던 것으로
판단된다. 그러나 이러한 '동양'이라는 개념이, 개념 자체의 창안
여부와 관계없이, 문명의 두 축의 하나라는 의미에서 적극적으로
수용되어 활용되어 나갔다는 사실은 대단히 중요한 의미를 갖는
다. Stefan Tanaka, *Japan's Orient: Rendering Pasts into History*
(University of California Press, 1993); 山室信一, 「アジア認識の
基軸」, 『近代日本のアジア認識』(綠蔭書房, 1996)

대상'으로서의 '동양'에 대한 역사[東洋史]를 랑케식의 실증주의 (positivism)라는 이름으로 구축(構築)해가는 과정과 내적으로 긴밀히 연결되어 진행되었다. 이러한 일련의 과정 속에서 중국과 한국은 일본 식의 역(逆) 오리엔탈리즘의 대상인 문화적 '타자(他者, the other)'로 자리매김되어 간다.

하지만 주지하다시피 청일전쟁 이후 유럽에 등장하여 러일전쟁으 로 구체화되기 시작한 황화론(黃禍論)을 비롯하여, 이후 서구사회로부 터의 편견과 견제에 직면하게 되면서 일본은 점차 '서양' 전체를 대상화 하여 극복하지 않으면 안 될 장애로 인식하게 된다. 일본의 이데올로그 들이 획일화된 존재로서의 서양(monolithic west)을 그리는 작업은 관대하고 포괄적이며 창조적인 존재로서의 일본을 동서양의 예외적인 존재로서 차별적으로 부각시키는 노력과 맞물려 꾸준히 진행되어간 것이었다.5) 하지만 이러한 대강의 과정이 현실정치(*Real Politik*)라는 구체적이고 복합적인 권력정치의 공간 위에서 진행되었던 만큼 이러한 과정에 대한 구체적 논의 없이 도식화하여 설명하는 것은 그만큼 역사를 박제화시킬 소지가 크다.

5) 이에 대해서는 Najita T. and Harootunian, H. "Japanese Revolt against the West: Political and Cultural Criticism in the Twentieth Century", *The Cambridge History of Japan*, vol. 6, The Twentieth Century, edited by Peter Duus (Cambridge: Cambridge University Press, 1988); 피터 데일은 이렇게 만들어진 '일본인론(nihonjinron)'의 특징에 대해, 첫째 선사시대에서 현대까지 계속되는 문화적, 사회적으로 하나의 동질적인 존재며 그 본질은 변하지 않았다는 가정, 둘째 일본인 은 다른 어느 민족과도 아주 다른 존재로 간주하는 점 등을 제시한 바 있다. Peter Dale, *The Myth of Japanese Uniqueness* (New York: St. Martin's Press, 1986).

이러한 문제의식의 연장선상에서 이 글에서 다루어야 할 시기와 직접적으로 관련되는 가장 중요한 논의는 아마 "1930년대 일본의 군국주의 체제가 메이지 이후 일본이 걸어온 근대의 궤적(軌跡, trajectory)으로부터의 일탈이냐, 아니면 메이지 입헌체제의 필연적인 귀결이냐'라는 문제가 될 것이다. 이 논의의 초점은 결국 '만일 천황제 체제를 중심으로 한 메이지 입헌체제가 메이지 원로들이 의도한대로 운용될 수만 있었다면 이후의 비극적인 일본 군국주의체제는 나타나지 않았을 것인가'라는 문제가 된다. 하지만 필자는 이러한 논의가 다분히 작위적인 성격을 지닌 이분법(dichotomy)에 그 논의의 바탕을 두고 있으며, 이러한 이분법적 도식으로는 당시 일본사(日本史)의 행간(行間)을 읽어나갈 수 없다는 하나의 잠정적인 결론에 이르게 되었다.

따라서 본 연구의 문제의식은 "메이지시기를 전후하여 형성되었던 배척과 수용이라는 이중적 성격을 지닌 일본 정체성의 설정작업이 어떠한 경로를 통해(through what channel) 국수적이고 침략적인 성격으로 나아 갔는가'라고 요약해 말할 수 있을 것이다. 환언한다면 필자는 이 글을 통해 일본식 근대의 궤적에서 나타난 복잡한 상호과정이 국내외적으로 어떠한 획을 그리면서 진행되었으며, 또한 이러한 무정형하게 보이는 외연에 내포된 논리의 맥은 어떤 것이었던가를 따라가 보고자 한다. 왜냐하면 일본 제국주의의 궤적에서 시종일관 계속된 자기정체성의 설정작업이란 당시 일본의 안과 밖을 둘러싼 정치적 사회적, 사상적 문맥(context) 안에서만 이해가 가능하다고 생각되기 때문이다.

이 글이 다루는 범위는 원칙적으로 일본의 '다이쇼(大正) 데모크라시'시대로부터 이른바 '쇼와유신(昭和維新)'을 거쳐 스스로를 아시아의 '지도민족'으로서 확신해가면서 대동아공영권을 구축해가는 시기까지로 한정하려 하였다. 하지만 20세기 일본식 근대의 궤적에 대한 고찰을 위해 우선 메이지(明治)시대로 거슬러 올라가는 것은 어떤 식으로든 불가피하다고 생각된다.

2. '국체'에 관한 담론의 형성

짐(朕)은 생각하노니 우리 황조(皇祖) 황종(皇宗)께서 나라를 세우실 제, 굉원(宏遠)케 하시고, 덕을 세우심에 심후하시었으니, 신민들은 충에 힘쓰고 효에 힘써, 억조창생(億兆蒼生)이 마음을 하나로 함으로써, 세세(世世)에 그 아름다움을 전할지니, 이는 국체(國体, Kokutai)의 정화(精華)로서 교육의 연원(淵源)이 실로 여기에 있도다. 무릇 신민은 부모에 효하고 형제 간에 우애하고, 부부는 상화(相和)하고 붕우(朋友)는 상신(相信)할지니라. 스스로는 공검(恭儉)하고 남에게 박애할지며, 학(學)을 닦고 업(業)을 익힘으로써 지능을 계발하고 덕기(德器)를 성취하며, 공익(公益)을 넓히고 세무(世務)를 열고, 국헌(國憲)을 중히 여기고 국법을 준수하며, 일단 유사시에는 의용(義勇)으로 나라에 봉사함으로써, 천양무궁(天壤無窮)한 황운(皇運)을 부익(扶翼)할지니라. 이는 다만 짐의 충량(忠良)한 신민 됨일 뿐 아니라, 너희 조상의 유풍(遺風)을 현창(顯彰)하는 일이니라.

이 도(道)는 실로 우리 황조 황종의 유훈으로서 모름지기 그 자손된 신민들은 함께 준수할 바라, 이는 고금을 통하여 그릇되게 말지며, 중외(中外)에 널리 시행하여 흐트리지 말지어다. 짐은 너희 신민과 함께 권권복응(拳拳復應)하여 덕을 쌓음에 오로지 힘쓰겠노라. 메이지 23년(1890년) 10월 30일.[6]

6) 여기 인용한 교육칙어는 Norma Field, *In the Realm of*

1890년 천황의 이름으로 발표된 교육칙어(教育勅語)는 메이지 정부가 들어선 이후 칙어의 형식으로 발표된 가장 중요한 문헌이다.7) 메이지 이데올로그들의 사고가 집약되어 있는 교육칙어8)의 개요를 살펴보면, '후덕한 황조(皇祖)께서 나라를 세우셨으므로 나라에 충성하고 부모에 효도하라, 이것이 일본 국체(國体, kokutai)의 정화(精華)니 이를 교육의 연원으로 삼는다, 따라서 신민은 유교적 제 가치를 체현(體現)하는 데 힘쓰며 국헌을 중시하고 나라 사랑하기에 전력을 다하여 영원무궁한 황실과 조상의 뜻을 빛나게 하라'는 것으로 요약할 수 있을 것이다. 신도(神道) 위에 유교적 윤리가 결합하고 그 위에 근대 국민국가의 외피가 씌워져 있다는 것을 알 수 있다.

그런데 이 칙어의 가장 중요한 축을 이루는 '국체'의 의미가 과히

Dying Emperor(New York: Pantheon Books, 1991)의 번역본인 박이엽 역, 『죽어가는 천황의 나라에서』(창작과 비평사, 1995), pp.84–85를 참조한 것이다.

7) 메이지 정부에 의해 발표된 또다른 중요한 칙어로는 군인칙유(軍人勅諭)가 있으며 이외에도 청일전쟁과 러일전쟁 그리고 1차 대전 및 태평양전쟁 때 내려진 적이 있다. 군인칙유는 일본의 모든 신병들이 암기하도록 되어 있었다는 점에서 교육칙어와 좋은 대비가 된다. 군인칙유가 지니는 주요한 내용과 그 사회적 결과에 대해서는 후술한다.

8) 로버트 벨라는 교육칙어 속에 나와 있는 '국체'라는 말의 사용과 메이지 헌법 1조의 천황의 가계를 만세일계(萬世一系)라고 선언한 것 이상으로 일본인의 배타주의적 성격이 명쾌하게 드러난 표현은 달리 생각할 수 없다'고 지적한 바 있다. Robert N. Bellah, "Japan's Cultural Identity", *The Journal of Asian Studies*. XXIV(August, 1965), p.575; 실제로 메이지 이데올로그들의 사고를 파악하기 위한 가장 중요한 기초 자료가 바로 메이지 헌법과 교육칙유, 그리고 군인칙유라고 생각되는데, 이들의 의미는 서로 간에 유기적인 연관을 지어 파악하지 않으면 제대로 이해되기 어려운 것으로 판단된다.

명료한 이미지로 다가오지 않는 것은 왜일까? 적어도 근대적인 의미의 국체(national polity)의 사전적 개념, 즉 '통치권의 존재상태에 따라 나눈 국가의 구별'9)–군주국체, 민주국체 등의 예가 여기에 속한다–의 의미를 가지고는 글의 논지가 파악되지 않기 때문일 것이다.10) '국체의 정화'에 대한 노마 필드 교수의 영어 번역을 보면 '제국의 근본적인 특성을 이루는 순수하고 아름다운 요체(the glory of the fundamental character of Our Empire)'11)라고 되어 있어 '국체'를 일본사회를 이루는 독특하면서도 주요한 본질로서 이해하는 것으로 판단된다. 이러한 식의 국체에 대한 이해가 칙어를 해석하는 데는 별다른 무리가 없을지 모르지만 여전히 그 개념을 둘러싼 애매모호함이 풀리는 것은 아니다. 그런데 이렇듯 교육칙어에서 사용된 국체라는 용어의 모호성이 문제가 되는 것은 교육칙어가 소학교 6년 간의 의무교육에서 끊임없이 강조되어 일본인 모두에게 동일한 조건반사를 심어 놓았으며12) 또한

9) 諸橋轍次, 『大漢和辭典』第三卷, p.82
10) 河原廣은 '국체' 개념은 근대적 사고로 분석하기 곤란한 개념이라고 지적하고 있으며, 리챠드 미네르는 '국체' 개념에 관한 5가지의 사용 용례를 지적하면서 '주의 깊은 독자라면 그 의미가 사용자에 의해 구구함을 알 것'이라고 덧붙이고 이 말을 번역하여 사용하는 것이 애매모호함을 지적한 바 있다. 河原廣, 「治安維持法の推進者たち」, 『社會科學討究』38호(1968. 8), p.16; Richard H. Minear, *Japanese Tradition and Western Law.*, pp.57, 65–68); 이에 대해서는 Mitchell, Richard H., *Thought Control in Prewar Japan*(Ithaca and London: Cornell University Press, 1976), 김윤식 역, 『日帝의 思想統制: 思想轉向과 그 法體系』(一志社, 1982), p.35에서 인용.
11) Norma Field, 앞의 책, p.70
12) 鶴見俊輔, 『戰時期日本の精神史: 1931–1945』(岩波書店, 1982) 강정중 역, 『일본제국주의 정신사』(한벗사, 1982), pp.43–44; 노마필드는 이에 대해 다음과 표현하고 있다. "일본의

여기에서 사용되는 어휘들이 일본인 자신의 도덕상 정치상의 지위를 지키기 위해 생활 구석구석에서 끊임없이 조립, 변형되어 사용되었다는 점에 있다.13) 일본의 국체 이데올로기에 관한 출판물의 숫자가 꾸준히 증가해 갔던 것도 이러한 의미에서 주목할 필요가 있다.14)

국체라는 용어의 일본식 사용의 기원은 막말(幕末)의 요시다(吉田寅次郎)와 야마가타(山縣大華) 간에 나타난 '국체논쟁'에서 비롯되며 이는 메이지 헌법의 발표에 앞선 1884년 무렵 가네코 겐타로(金子堅太

어린이들은 귀와 (부동의) 자세를 통해서 저기 멀리 존재하는 신비로운 존재에 대한 외경심을 빨아들였다. 직립부동의 자세로, 무슨 소리인지 알아듣지도 못할 말을 끝까지 들어야 하는 학습은, 고통스러울 정도로 급격했던 일본의 공업화와 군국주의적 동원에 필수불가결한 규율의 형식이었던 것이다." Norma Field, 앞의 책, pp.70-71

13) 쓰루미 슌스케(鶴見俊輔, 1942-)에 의하면 '교육칙어'에서 사용되는 핵심어(key word)를 활용하는 데 익숙해지는 것은 천황에 대해 충성을 지키는 신민의 패스포트(passport)와 같은 역할을 하였다고 한다. 당시 중앙단체나 그 말단의 분회에서도 명예직을 맡은 사람들의 연설은 거의가 이들 핵심어의 조립과 변형에 다름 아니었다는 지적이다. 鶴見俊輔, 앞의 책, pp.43-44

14) 마리우스 젠슨은 "국체를 논하는 저서가 처음에는 똑똑 떨어지는 물방울 같았지만 이윽고 홍수처럼 넘쳐흐르고 마침내는 도서관의 큰 분류항목이 되었다"고 지적하면서, 리드의 책에서 국체에 관한 출판물의 숫자를 인용한 바 있다. '우선 눈에 안 띄게 시작되어(예: 1908년에 1건), 차차 늘어가다가(예: 1911년, 10건), 1920년대에는 줄어들고(예: 1923년, 6건), 이후 1930년대에는 꾸준히 증가하였다(예: 1930년 36건, 1934년 98건)'. John Paul Reed, *Kokutai*(Chicago, 1940); 이에 대해서는 Marius B. Jansen, "Changing Japanese Attitudes towards Modernization" in Marius B. Jansen ed., *Changing Japanese Attitudes towards Modernization* (Princeton University Press, 1965), 정명환 역, 『日本의 近代化와 知識人』(교학연구사, 1980)에 수록, p.60에서 재인용.

郎, 1853-1942)와 이토 히로부미(伊藤博文, 1841-1909) 사이에서 다시 재현된 것으로 알려졌다.15) 이러한 와중에서 국체의 내용을 질적으로 한 단계 끌어올린 이데올로그가 바로 가토 히로유키(加藤弘之, 1836-1916)와 니시무라 시게키(西村茂樹, 1828-1902)인데 이들은 당시 유행하던 공리주의사상이나 자연권 사상과는 명확하게 대비되는 입장을 취하였다. 이들은 합리적인 개인의 이익이라는 개념은 지지할 수 없는 것으로서 사회에 유익한 지속적 가치가 없는 것이며 민권(民權)의 신장이 국력과 반드시 연결될 것이라는 논리는 오류임을 분명히 했다. 1882년『인권신설(人權新說)』에서 가토는 개성이란 자연적인 것이 아니라 사회적 환경과 역사적 문화에 의해 형성되어진다고 주장하면서 일본의 고유한 문화적 전통의 개념에다 메이지유신 이후의 시대적 필요에 걸 맞는 새로운 의미를 부여하려고 했다. 여기서 그는 '국체'의 개념에 생명력을 불어 넣음으로써 메이지 일본의 지속적 변화와 발전을 모색하였고 그 속에서 현재를 어떻게 이해하고 통제할 것인가에 대해 고민하였는데 이러한 그의 견해는 니시무라의 1886년의『일본도덕론(日本道德論)』과『도덕입국론(道德入國論)』에 반영되어 종합되어진다. 니시무라는 유교가 과학적 방법과 진보의 개념을 누락하고 그릇된 문화적 우월감 등의 심각한 문제를 안고 있지만 무엇보다 소중한 윤리적 진리를 담았다는 점에서 포기할 수 없는 것이라고 생각했다.

15) 하시가와 분조에 의하면 요시다(吉田)와 가네코(金子)는 국체를 일본 민족의 특유한 추진력으로 보고 일본 민족 고유의 시각에서 해석하였던 반면 야마가타(山縣)와 이토(伊藤)는 세계의 여러 민족의 각기 독특한 추진력을 인정하여 일본 민족 만의 특유한 것으로 볼 수 없는 보편적인 개념에 가까운 것으로 보았다. 橋川文三,「國體論の連想」『展望』1975년 9월호.

따라서 그는 유교의 세속적 윤리를 근대 일본의 생활을 규제하는 방향에서 활용할 것을 주장함으로써 일종의 통합언어(unitary language)로서의 의미를 부여하려고 했던 것이다.16) 교육칙어는 이러한 제 논의가 재구성되어 결정화된 것이었다.

일본사회의 독특하고 고유한 본질이 국체라면 이 국체를 구성하는 가장 본질적 요소는 역시 천황제이다. 『고사기(古事記)』와 『일본서기(日本書記)』에 의하면 일본은 고대에 이미 인간의 이상사회가 실현되어 있었으며 그 사회를 지배한 정신이 신도며 이 신도는 아마테라스 오미카미(天照大神)가 하늘에서부터 받아 백성을 다스린 원리로서 그의 후예인 천황은 신의 아들이며 살아있는 신(現人神)이고 그가 다스리는 일본은 신주(神洲)라고 한다.17) 여기에 만민이 평등하게 일군에 대해서 직접적으로 충성을 다하여야 한다(一君萬民論)는 점에 착안한 메이지 이데올로그들은 국민이 천황의 큰 정치(大政)를 '도와서 잘 인도한다(翼贊)'라든지, 천황이 친히 행하는 정치(親政)를 '보좌한다(輔弼)'는 형식을 고안해 냄으로써 국민의 주체적 활동을 천황제 안에 '유입'시키는 통로를 터놓았다.18) 메이지 헌법을 구상했던 이토는

16) 가토와 니시무라에 대해서는 주로 나지타 교수의 견해를 참조하였다. Tetsuo Najita, *Japan: The Intellectual Foundations of Modern Japanese Politics*(Chicago University Press., 1974) ch.4.
17) 이러한 천손강림(天孫降臨)의 신화가 '사실'로 받아들여진 것은 근세 초 유학자들이 중국의 유학을 받아들이는 과정에서 일본 문화의 열등의식을 극복하기 위하여 화이관의 논리를 빌어, 자존의식을 높이는 과정에서 유래했다고 한다. 류근호, 「明治維新과 尊皇思想」, 『국권론과 민권론』(한길사, 1981), pp.39-40
18) 이러한 형식은 천황의 지배 권위를 상징화함으로써 실패나 오류가 발생할 경우 이에 대한 원인이 익찬(翼贊)의 방식이나 보필(輔弼)하는 방법에 문제가 있다고 볼 수 있는 실질적인

헌법을 제정하는 기본정신을 밝히면서 메이지 일본 정치의 축이 천황과 황실의 절대화에 있음을 명확히 했다.

우리 일본국은 처음부터 천황이 친히 세워 친히 다스리셨으니 이를 헌법의 머리(首條)에 놓는 것은 실로 우리 국체에 어울린다고 말할 수 있다. 이것이 타국의 헌법과 그 구성체계를 완전히 달리 하지 않을 수 없는 이유이다. [……] (메이지 헌법은)결코 구라파의 주권 분할의 정신에 의하여 제정되는 것이 아니다. [……] 장래 여하한 사태에 직면하더라도 [……] 상원수(上元首)의 지위를 유지하고 결코 주권을 인민에게 이전하지 않을 것이다.[19]

결국 천황은 정치적 권력과 정신적 권위를 함께 지니며 그 결과 권력은 윤리와 일체가 되었다. 민주주의원칙에서 법 앞에서 평등하다거나 종교에서 설파하는 신 앞에서 평등한 존재로서의 개인은 천황 앞에서 평등한 신민(臣民)으로서 자리 잡게 되었다. 천황의 절대적 권위는 부인하기 어려운 조상의 권위를 빌어 성립한 것으로 시간의 축과 맞물려 있어서 감히 거부하기 어려운 것이었다. 일본 국민들은 메이지 헌법이 선포되고 교육칙어가 발표될 무렵부터 무의식중에 천황의 권위와 가치체계가 가장 소중한 것이라는 사고방식이 주입되도록 교육받았다. 국민의 입장에서 보면 외면적인 행위는 법률을 통해 규제받고, 내면적인 의식에 있어서는 칙어에 따를 것이 요구되었다. 초 · 중등 교육제도(교육칙어)와 징병제(군인칙유)는 국민을 이러한 사고

근거가 될 수 있다는 점에서 주목된다.
19)『伊藤博文傳』中卷,「22編: 帝國憲法の制定」中 5章: 帝國憲法の發布, pp.651-656, 31

방식으로 유도, 교화(敎化)시켜 나갔으며 만일 여기에서 이탈하는 조짐이 보이는 개인에게는 불경죄, 대역죄, 치안경찰법(치안유지법의 전신) 등의 '감시와 처벌'체계가 적용되어졌다.

지금까지의 논의를 바탕으로 교육칙어 안에 구현된 국체의 의미를 칙어가 '만들어진 시점'에 유의하여 재구성해보면 "국체란 일본사회의 고유하고 독특한 본질로서, 신성한 기원을 지닌 만세일계(萬世一系)의 천황체제와 유교적 가치체계의 체현으로서의 가족적 인간관계, 그리고 불가사의한 통일체적 존재이자 충성과 헌신의 대상(對象)인 국가라는 세 개의 축으로 구성된 삼위일체"라고 할 수 있다. 그런데 '국체'가 근본적으로 애매모호하기 이를 데 없는 천황제에 기반한다는 것은 국체를 본질적으로 이해하기 어려운 것으로 규정짓고 있음은 말할 필요도 없다.

하지만 '국체'란 한번 정해지면 자신의 모습을 고정시켜놓고 변하지 않는 그런 성격의 존재태(being)라기보다는 이데올로그들의 '필요'에 따라 끊임없이 만들어져가고 변화해가는 생성태(becoming)로서의 성격을 지니고 있었던 까닭에 정의될 수 있는 하나의 개념(concept)이라기보다는 포괄적인 담론체계(discourse)에 보다 가까운 것이었다. 이러한 사실은 이후 역사에서 분명히 입증할 수 있다. 예컨대 1904년 처음 국정으로 편찬된 수신(修身) 교과서에는 주로 전통적 가족관계, 천황가계의 중요성, 나라 창설의 기초 및 국체를 강조하는 데 중점을 두었던 반면 1908년부터 이후 4년 간에 걸쳐 대폭 개정된 수신 교과서에서는 국가에 대한 충성과 효도는 애초부터 같은 것이라고 선언하고 있다.[20] 수정 전의 「충군애국」이라는 과에서는 교육칙어 논리의 연장선상에서 다음과 같이 기술하였다.

농상공업 분야에서 일하는 사람은 그 업에 힘써 나라의 부강을 늘리고, 학문 기예를 일삼는 사람은 그것을 연구, 연마해서 나라의 문명을 떨치려고 마음먹어야 한다. 일본의 상황을 구미 여러 나라의 상황과 비교하면 아직 미흡한 점이 많다. 우리는 이것을 염두에 두고 국력을 알차게 하는 데 힘쓰지 않으면 안 된다.

그러나 수정 후의 「충효」라는 과에서는 교육칙어의 논리와는 사뭇 다른 어조로 다음과 같이 말한다.[21]

자식이 부모를 경애하는 인정은 자연히 우러나오는 것으로서 충효의 대의(大義)는 이 지정(至情)에서 비롯되는 것이다. [……] 우리나라는 가족제도를 바탕으로 하여 거국적으로 일대가족을 이루는 것으로서 황실은 우리들의 종가(宗家)이다. 우리들 국민은 자식의 부모에 대한 경애의 정으로써 만세일계의 황위(皇位)를 숭경한다. 이로써 충효는 하나이며 서로 나누어지지 않는다. [……] 충효의 일치는 실로 우리 국체(國體)의 특징이다.

여기에 이르면 교육칙어의 논리에 나오는 국체를 단순히 조합하거나 변형시켜 놓은 정도를 미묘하면서도 분명히 넘어서는 논리가 등장하고 있음을 알 수 있다. 이 논리에 따르면 국체란 보다 분명하게 '천황제

20) 여기 소개하는 국정 수신 교과서는 메이지 정부가 만들어낸 국체의 논의를 상징적으로 보여주는 하나의 사례라는 점에서 대단히 중요하다.
21) 국정 수신 교과서의 내용은 石田雄, "이데올로기로서의 天皇制", 차기벽 · 박충석 편, 『日本現代史의 構造』(한길사, 1980), pp.112-113에서 재인용.

를 모태로 하는 가족국가체계'의 모습으로 나아가게 되며 보다 억압적 성격을 확고히 견지하게 되는 것이다.

국체론이 교육칙어에 채용된 이후 일본인들에게 이른바 '일본주의'의 거점 역할을 하게 되고 당시의 학계, 언론계, 민간, 관계를 풍미하던 상황에서 국체에 대한 본격적인 반박을 하고 나선 인물이 기타 잇키(北一輝, 1883-1937)였다. 당시의 국체에 대한 일본의 비판적 지식인들의 사고를 가늠케 해주는 중요한 사례로서 1906년(메이지 39년) 발표된 기타의 『국체론 및 순정사회주의(純正社會主義)』는 중요한 의미를 지니는 것으로 생각되는데, 그가 23세의 젊은 나이에 저술한 이 책은 그 자체 내용도 흥미로울 뿐 아니라 그가 후일 국가개조운동—일명 초국가주의(超國家主義) 혹은 쇼와유신운동이라고도 한다—을 주도했던 사상적 원류(源流)라는 점 등을 감안해볼 때 시사하는 바가 적지 않다.

> 일본이라는 이름이 붙어 있는 이 국토에는, […] 특별하게 해석해보아야 할 기괴한 것이 남아있다. '국체론'이라 칭해지는 것이 그것으로서, 사회주의가 국체에 저촉되는가 아닌가 하는 가공할 문제가 이와 관련된다. 이것은 비단 사회주의뿐 아니라 어떠한 신사상이 들어오더라도 필히 심문되는 바로서, 이 '국체론'이라는 로마 법왕의 금기에 접촉하는 순간 이미 그 자체로서 그 사상에 교수형이 언도되는 것을 의미한다.22)

> 아아, 국가 대혁명 이후 39년, 오늘의 우리가 소위 국체론을 타파하지 않을 수 없게 된 이유는 무엇이냐. 우리는 한 사회주의자로서 말하고

---

22) 北一輝, 『國體論 及 純正社會主義』, 北一輝 遺著 刊行會, 1950. 1, p.21

있는 것이 아니다. 세계 어느 곳에도 학술의 신성을 모욕하는 것으로서 이처럼 심한 예가 없으니까 말이다. 실로 학술의 신성을 위해서다. 결코 사회주의자를 위해서가 아니다. 아니! 국체 그것을 위해서다! 일본 역사 그것을 위해서다.[23]

금일의 국체는 국가가 군주의 소유물로서 그의 이익을 위해 존재하는 시대의 국체가 아니라, [……] 국가의 일분자로서 다른 분자인 국민과 동등하게 국가의 기관이 됨으로써, 커다란 특권을 소유하게 된다는 의미의 천황이다. 신민이라는 것은 [……] 국가의 분자로서 국가에 대하여 권리와 의무를 지닌다는 의미에서 (천황의 신민이 아닌)국가의 신민이 되는 것이다. 또 정체(政體)면에서 볼 때 [……] 최고기관은 특권 있는 국가의 한 분자(천황)와 평등한 분자(국민)로 구성된다.[24]

일본의 국체는 군신일가(君臣一家)가 아니라 당당한 국가이다. 천황은 [……] 본가, 말가(本家, 末家)가 아니라, 국가의 이익을 위한다는 그 이유 때문에 국가에 대해 중대한 특권을 지니고 있는 국가의 일원인 것이다. 실로 군신일가론을 근거로 하여 충효일치론을 주장한다는 것은 국가에 대한 반역이라 해도 마땅하다.[25]

만세일계라는 (국체의) 철퇴에 두개골을 두들겨 맞은 백치같은 일본 국민들은 원래부터 일본사를 진화적으로 연구하지 않는 존재들이다. [……] 국체론자들은 원시 동굴시대부터 충과 효로 교육칙어를 받들어 온 것처럼 생각하고 그 윤리사를 이어받고 있다. [……] 후대의 정치를 가지고 태고 시대를 미루어 생각하고 태고의 도덕을 오늘의 규범에 의거하여 평가하는 이것이

23) 北一輝, 앞의 책, p.23
24) 北一輝, 앞의 책, p.68
25) 北一輝, 앞의 책, p.89

토인 부락이 아니고 무엇이랴. 신도(神道) 신앙으로 가장 국체(家長 國體)를 만들고 천황을 그 신앙의 꼭대기에 제주(祭主)격으로 올려놓는 시대는 역사의 먼 페이지 속에 이미 매장되었다. 국체사(國體寺)의 산승(山僧)들은 오늘날의 국체와 정체가 미신이라 하지 않고, 원래 산승들이 그러하듯 오히려 국가 미신이라는 최면에 모두들 빠지기를 빈다. 그리고는 법률을 깨뜨리고 헌법을 유린하고 천황과 전 국민을 보고는 신이 탄 가마에 예배드리라고 호소하고 있는 것이다. [……] 금일 우리는 국가의 옹호자라는 이름으로 궐기하여 과학의 날카로운 칼을 뽑아 마땅할 뿐이다. 바라건대 국민이 조용히 미신으로부터 각성하여 국체사를 불지르게 되기를! [……] '군주를 위해'라는 충군의 시대는 군주 주권의 중세 시대이다. '국가를 위하여'라는 애국시대는 국가 주권의 근대 시대이다. [……] 명석한 천황과 국체론 속에 있는 흙인형이 결코 혼동되어서는 안 된다. [……] 천황이 아무리 윤리학 지식이 명석하건 역사철학에 그 아무리 조예가 깊다고 하던 간에, 우리는 국가의 앞에 있는 권리에 따라 교육칙어(敎育勅語)의 바깥에 독립해 있어야 한다. 천황이 윤리학설의 제정권을 가지고 있으며 또 그가 역사철학의 공정(公定)기관이라는 이야기는 대일본 제국에 존재하지 않는 것으로서, 이는 망상에 의거하여 만들어낸 환영을 가리켜 천황이라고 하는 우를 범하는 것이다. [……] 학리상의 문제에 정치상의 특권자의 견해를 끌어 붙여서 자기의 추비(醜卑)를 덮어씌우는 미친 짓은 동양의 토인 부락 말고는 할 데가 없다.[26)]

기타 잇키에 의하면 국민들은 국체사 산승들─메이지 이데올로그들─이 만들어대는 국체론이라는 미신과 망상에 사로잡혀 제주(祭主)로 비치는 환영(幻影)을 천황으로 오인하고 있으며 천황 역시 국체사의 산승들에 둘러싸여 가장 국체(家長 國體)라는 신앙 위에 올려진 채

<hr>

26) 北一輝, 앞의 책, pp.96-97

스스로를 제주인 것으로 착각하는, 하지만 실질적으로는 권력으로부터 소외된 흙인형-꼭두각시-의 상태에 놓여 있었던 것이다. 그는 천황주권론이 아닌 국가주권론에 입각하여, 천황은 국가를 구성하는 하나의 기관에 불과하며 군신일가(君臣一家)를 근거로 충효일치론을 주장하는 것이 진정한 역사발전에 역행하는 것이라고 비판하면서 교육칙어로 대표되는 당시의 국체론을 폐기처분할 것을 주장한다. 기타 잇키는 교육칙어로 대표되는 국체론으로 인해, 천황이 메이지유신의 혁명정신으로부터 이탈하여 위로부터의 관료적 지배의 꼭두각시로 전락해버렸기 때문에 과학의 예리한 칼을 뽑아 천황을 밑에서부터의 국민적 통일의 상징이라는 유신 본래의 혁명정신으로 되돌아 가야한다고 생각하고 있었다.

또한 기타 잇키는 일본의 국체가 결코 만고불역(萬古不易)의 것이 아니라고 판단하고 있음을 알 수 있다. 그는 천황이 가장(家長) 군주로서 전일본의 통치자였던 고대의 군주 국체, 복수의 가장 군주가 각기 통치자였던 중세의 귀족 국체, 군주도 국민과 함께 국가의 생존 진화라는 목적을 위하여 행동하는 기관이며 천황을 포함한 국민이 전체로서 자기를 통치하는 근대의 공민 국체의 단계를 거치면서 일본의 국체는 발전했다는 논리를 펴고 있다. 이러한 사고에 근거해 볼 때 기타는 이 글을 발표할 당시만 하더라도 국체를 '통치권의 존재 상태에 따라 나눈 국가의 구별'이라는 근대의 보편적 국체 개념에 근거하여 일본의 국체를 비판했음이 분명하다.27)

27) 이 점은 후일 기타의 국가개조운동과 관련하여 생각해 볼 때 주의 깊게 보아야 할 부분이며 이와 아울러 그가 이 무렵에 이미 자신의 기본적 사고의 큰 윤곽을 가지고 있었다는 점 또한

이러한 과정 속에서 국체를 둘러싼 논의는 점차 진지하고 경건한 연구 대상으로 되어갔으며 그 애매모호한 신비성은 정확성을 회피할 수 있도록 조작된 특수한 언어에 의해서 도전하기 어려운 불가항력적인 것으로 인식될 발판을 마련해 나갔다. 1912년 우에스기 신기치(上杉愼吉, 1878-1929)가 당대 최고의 법학자였던 미노베 다쓰키치(美濃部達吉, 1873-1948)의 '천황기관설(天皇機關說)'을 국체에 위배된 불경스러운 것이라고 비판함으로써 '국체논쟁'은 다시금 유사한 꼴로 재현되기도 하였다.28)

3. 메이지 질서의 해이와 위기의식: '막연한 불안'

1889년의 입헌 제도가 자리를 잡은 이래 이른바 다이쇼(大正) 데모크라시를 거쳐 쇼와(昭和)에 이르는 역사는 승전-청일, 러일 전쟁, 한국병합, 제일차대전에의 참가-의 환호성과 민중들의 자기주장-히비

주목할 필요가 있다. 기타의 『국체론 및 순정사회주의』는 출판된 지 10일도 채 못 되었을 때 메이지 정부에 의해 국헌을 문란케 하는 불온서적이라는 이유로 판매 금지당하고 압수되지만 당시 지식인들 사이에 커다란 파문을 불러 일으켰다.

28) 이 논쟁은 법학자들 간에 이루어졌던 것인 만큼 독특한 의미가 가미되었다고 생각된다. 왜냐하면 우에스기가 미노베의 국가법인설이 국체를 손상시키는 것이라고 지적한 것은 천황제를 모태로 한 국체론의 애매모호함이 법리적으로 해석될 때 불가피하게 발생할 천황의 상대화를 문제 삼았다는 점에서 마치 중세의 종교재판의 근대 일본식 재현이라는 느낌을 지울 수 없기 때문이다. 우에스기 신기치와 미노베 다쓰키치 간의 국체논쟁의 내용에 대해서는 吉田博司,「國體の政治思想」, 宮本盛太郎, 『近代日本政治思想の座標』(有斐閣, 1987), pp.140-147 참조.

야(日比谷) 방화사건, 쌀 소동, 서구 사상의 도입과 각종 노동쟁의-의 목소리가 어우러진 시기로서, 나름대로 치열한 '자각'과 '모색', 그리고 새로운 '시도'들이 국내정치와 국제정치의 공간을 메웠던 전환기에 해당한다. 특히 다이쇼 데모크라시의 기간 동안 일본 국내정치는 정당 정치와 의회민주주의 체제가 자리 잡아 나갔으며, 국제적으로는 세계대 전 이후 국제평화주의가 대외관계의 기본틀로 인식되어 갔다. 경제적으 로는 자본주의 체제 안에서 산업화가 계속 가속화되어 나타나는 상황하 에서 사상적으로는 민주주의, 민본주의 등의 자유주의사상과 사회주 의, 무정부주의, 생디칼리즘(syndicalism), 공산주의에 이르는 다양한 좌파 계열이 공존하였는데, 이러한 사상의 질풍노도는 근대 일본 사회 의 모순 자체가 객관적으로 확대 심화되어 가고 있음을 반증하는 동시에 이를 자각하고 해결하려는 모색 또한 나름대로 치열하게 이루어 졌음을 드러내는 것이라 말할 수 있다.

하지만 이렇게 의회정치가 발전되어가고 자유주의를 비롯한 사상 적 모색이 이루어지고 군축과 평화를 위한 국제적 노력이 진행되었던 이 무렵, 많은 일본인들은 불안감에 휩싸여 있었으며 이러한 위기의식 은 후일 쇼와유신운동이라는 극단적인 방식으로 표출되면서 만주사변, 중일전쟁, 태평양전쟁으로 가는 길을 밝혀 주었다. 만일 근대 일본의 역사를 특이한 것으로 규정한다면 다이쇼기(大正期)를 전후한 시기는 가장 정상적인 시기였다고 말할 수 있을지 모른다. 그럼에도 불구하고 이 시기 일본인들 간에 팽배된 위기감의 근원은 어디에 있으며 위기의 식의 실체는 무엇이었을까?

이 시기의 위기감을 이해하기 위해서는 러일전쟁 이후 일본인들이 갖게 된 새로운 고민거리를 우선 이해할 필요가 있다. 일본은 러일전쟁의 승리로 메이지유신 이래 40여 년 간 구체적인 현안이 되어 왔던 불평등 조약의 개정과 한국에 대한 지배권의 확립이라는 문제가 해결되는 상황에 이르렀고 만주지역에서 영토와 이권을 획득하는 성과를 거두게 됨으로써 명실상부한 강대국 대열에 들어서게 되었다.29) 하지만 이렇듯 일본이 강국으로 부상하는 과정은 일본을 과거의 고질적인 문제로부터 해방시키는 과정이었지만 동시에 새로운 차원의 복잡한 문제들을 잉태해가는 과정이기도 했다. 당시 일본의 정치적 독립은 육해군과 여러 열강과의 동맹에 의해 유지되고 국가의 경제력이 아시아 국가들의 자연 자원에 의존하는 상황이었다.

더욱이 러일전쟁을 치르는 동안 일본은 중국과 일본의 협력을 구하기 위하여 아시아주의의 한 형태인 '동양평화론'을 들먹이며, 인종 간의 전쟁임을 강조하였기 때문에30) 일본의 승리는 유색인종들에 자신감을 주는 측면도 지니는 반면 백인종의 경계심을 불러일으키기에도 충분한 것이었다. 전쟁에 승리한 일본이 만주에 배타적으로 진출하게 되면서 영·미의 반대에 부딪히게 되자, 많은 일본인들은 '미증유의 인종적 전란'에 대한 불길한 예감이 들기 시작했다. 이러한 상황에서 메이지 이데올로그들을 비롯한 일본의 지식인들은 국제관계의 본연의 모습에 대한 진지한 문제제기를 하게 되었고, 세계적 동향과 일본의 나아갈 길 등에 대해 생각하게 되었다. 이후 일본에서는 동서 문명, 특히 황인종과 백인종의 충돌 여부는 인류 역사상 가장 큰 문제라고

---

29) 김용구, 『세계외교사』 상, pp.436-442
30) 丸山眞男, 「陸羯南と國民主義」 『民權論からナショナリズムへ』(御茶の水, 1957, 1978), p.193

간주하게 되었으며, 이러한 비극을 막기 위해 조화를 이루도록 하는 것이 '일본의 사명'이라는 생각이 일본 사회에 널리 공감대를 형성하게 된 것이다.31) 이처럼 일본은 동양과 서양 '사이'에 존재하며 일본의 장래가 동과 서의 공존, 융합에 있다고 하는 믿음은 외연상으로는 일본인의 '희망'을 표현한 것이었지만 그것이 내포하는 바는 일본인들의 당시의 심리적 '불안'을 여실히 보여주는 것이었다.

러일전쟁 이후 불안감에 사로잡힌 일본이 불확실한 국제관계에 대응해나가기 위해 스스로의 정체성이라는 문제에 심각하게 대면하게 된 것이 일본인들에게 던진 인식론적 측면의 변화라는 점에서 중요하다면, 러일전쟁을 기점으로 한 정치적·경제적 변화는 실질적인 생활여건의 변화라는 점에서 주목할 필요가 있다. 부국강병이라는 국가적 목표가 어느 정도 달성되면서부터 메이지 일본의 지도자들에게 부과된 국민적 독립, 산업화, 대륙진출이라는 과제가 상당부분 성취되었다. 이것은 한편으로 메이지 국가 건설을 직접 담당했던 정치지도자들의 역사적 임무가 끝났다는 것을 의미하는 것이었다. 원로(元老)의 위상이

---

31) 이러한 사고의 기저에 동서 문명 이원론(二元論)이 자리 잡고 있었음은 앞에서 언급한 다나카 교수의 말을 상기해보면 분명히 이해할 수 있을 것이다. 동서 문명 이원론에 근거한 사고방식은 메이지 초기 이래 계속된 것이었으며, 19세기 중엽 일본에 나타난 '양이론(攘夷論)'이나 '국제평등 관념' 모두가 여기에 해당한다. 특히 메이지시기를 전후하여 나타나 러일전쟁을 일으킨 시기까지도 일본을 풍미했던 것은 '국제평등 관념'이 었는데, 이는 서양에 대한 일본 지위의 평등을 지향해 나가려는 것이었다. 일본은 우선 배외주의를 버리고 국제평등의 입장에 서서, 자기 자신도 그들과 같은 하나의 근대 국가로서의 존재를 확립, 유지시켜 나가야한다고 생각했던 것이다. 入江昭, 이성환 역, 『日本의 外交』, pp.24-27, 32-33 참조

정치적 지도자에서 조정자로, 권력의 주체에서 상징적인 존재로 변했고, 육체적 쇄진은 자연 그들의 정치적 영향력을 위축시켰다.

원로의 정치적 기능이 달라지고 그들의 영향력이 축소되면서 정치권력의 주체가 될 계층은 기존 정치구조의 바탕이 되었던 관료, 군벌, 정당, 재벌일 수밖에 없었다. 이 집단들은 지도체제를 다원화시켰고 그 결과 집단과 집단 간의 경쟁이 가능하게 하였다. 이러한 점에서 원로의 정치적 역할의 변화와 이에 따른 메이지 일본의 지도체제의 다원화는 정치적 민주화의 길을 텄다고 할 수 있다. 이처럼 정당 내각의 확립과정이란 관료, 군부, 정당이 서로 타협하고 경쟁하면서 정당이 정치권력의 주체로서 정통성을 세워나가는 과정이었다.

국내의 정치구조의 변화와 더불어 정당으로 하여금 권력의 주체로 등장할 수 있게 한 또 다른 중요한 요인은 1차 세계대전 이후 강력하게 대두된 민주주의와 군축, 국제평화로 이어지는 당시의 시대적 조류였다. 이른바 '세계의 대세'[32]라는 말이 당시 일본사회를 풍미하게 되자

32) '세계의 대세(世界の大勢)'라는 표현은 이전에도 간혹 사용되는 경우가 있었지만, 1910년대 후반에 요시노 사쿠조(吉野作造)에 의해 일반화된 것으로 알려졌다. 국제관계의 측면에서는 19세기적 비밀외교나 현실외교가 아닌 '공개외교'와 '평화외교'가, 국내적인 측면에서는 '데모크라시의 옹호'를 기치로 미국이 1차 세계대전에 참전하여 연합국 측을 상대로 이끄는 결정적인 역할을 한 것과 관련하여 '데모크라시' 혹은 '자유주의'라는 표현이 '세계의 대세'를 상징하는 것으로 퍼지기 시작했다. 이와 관련하여 데모크라시의 정치적 의미가 '문화적'인 의미로 확산되어지는 과정에서 '미국 연구의 시급함'이 '긍정적'인 의도에서 주창되었고 처음으로 일본의 미국에 대한 학문적인 연구가 이어진다는 점인데 이는 앞으로의 논의와 관련하여 주목해 두어야 할 사실이다. 新渡戶稻造, 「美國研究の急務」, 1919년 7월, pp.26-27: 이에 대해서는 入江昭, 앞의 책, p.87; 三谷太一郎,

자유주의적 입헌주의적인 국내 정치의 전개와 도의적이고 평화적인
국제관계가 세계사적인 현상으로 받아들여지게 되었다. 그러나 이러한
'대세'에 발맞추어 진행된 의회정치는 민주주의에 대한 진지한 성찰에
기반한 신념이나 대중에 대한 탄탄한 기반을 토대로 이루어진 것이
아니었고, 따라서 이러한 상황에서의 정당운동은 대중들의 정치참여가
제도적으로 확립되어 나가자 오히려 정치적 부패를 초래하기도 하였다.
예컨대 1925년 보통선거제도의 실시로 유권자의 수는 과거의 3백
34만에서 1천 4백 15만으로 늘어났으나 이들을 평소에 조직화하지
못한 후보자는 부동표로 보이는 대중을 현금으로 매수하려 하였고,
정당은 정치자금 확보를 위해 재벌과 결탁하고 재벌의 온갖 부정을
비호해 주게 되었다. 이러한 정경유착과 금권정치의 만연으로 인해
정당은 의회정치가 구체화되고 성숙될수록 국민들로부터 유리되었고,
의회정치의 실현에 많은 기대를 걸었던 지식인층, 중산층 그리고 국민
대중의 실망과 불신의 증대는 심화되는 현상이 나타났다.

　　일본의 경제도 과히 바람직한 상태로 진행된 것은 아니었다. 1차
대전으로 인해 연합군으로부터의 군수물자와 소비재의 다량주문이
일본으로 쏟아지고, 유럽대륙에서의 전쟁으로 인한 아시아 대륙의
'힘의 공백'이 나타나자 일본은 시장을 독점하여 자본의 축적과 중화학
공업의 건설, 공장의 대형화를 추진함으로써 획기적인 공업성장을
초래하였음은 물론이다. 그러나 이러한 발전과 번영은 종전(終戰)과
더불어 실의와 좌절로 이어지게 된다. 전쟁경기의 종식은 경제공황으로
이어졌는데 1918년 3억 2천만 엔의 무역흑자는 점차 적자로 바뀌어

「다이쇼 데모크라시의 전개와 논리」, 차기벽, 박충석 편『日本現
代史의 構造』(한길사, 1980), pp.248-253 참조

6년 후에는 6억 5천만 엔에 이르는 무역적자를 감수해야 했다. 특히 공업부문과 농업부문의 심한 경제적 격차는 사회적으로 심각한 갈등의 소지를 안고 있었다.

이 시대 일본에서 분명히 감지되는 사실은 당시 사회적·정치적 토양이 균질적이지 못하다는 것이다. 경제도 이중경제였지만 사회 전체도 이중구조였다. 고등교육을 받은 일본인은 계속 그 지적 시야를 넓히고 시대적 조류를 따라가고 있었지만, 6년간의 의무교육이 전부인 대다수의 국민은 기껏 충성심이나 복종의 정신을 훈련받는 것이 고작이었고, 교육이라는 것은 제대로 받지 못했다. 새로운 것을 무조건 동경의 눈으로 부러워하는 반면 과거를 그리워하는 일본인도 적지 않았다. 정당 정부에 의한 평화지향, 무역 중시의 대외정책도 일부 일본인에게는 재벌의 사적인 이익을 추진하는 것으로 밖에 보이지 않았다. 경제의 실정이나 정당내각, 그리고 그것을 지탱하는 재벌들에게서 불만을 느낀 일본인은 예전의 메이지 지도자들은 사심이 없었다고 회상하는 과거를 미화하려는 경향도 늘어나게 되었다.33)

이러한 불신풍조가 만연하게 된 데에는 이익사회 관념이 희박한 당시로서 특정집단에 뿌리박은 정당운동이 일본주의, 국가주의적 사고에 익숙한 일본 대중들에게는 대단히 어색한 데서 비롯된 측면도 있을 것이며, 또한 일본 국민의 이상적 관념과 산업사회의 차별적, 배타적 논리가 부딪히면서 생기는 갈등이 점차 확대되고 정당정치인들의 실질적 타락과 무능이 국민들의 눈에 가시화되기 시작했다는 점, 그리고 역설적이지만 사상적으로 외래사상의 유입으로 다양한 견해와

---

33) Edwin O. Reischauer, *The Japanese*(Cambridge, Mass: Harvard University Press, 1977), pp.95-97 참조.

시각이 나타나게 되고 기대수준이 증가되었다는 사실 등을 지적할 수 있다. 게다가 국제정세의 격변하는 상황 자체가 적어도 일본의 보수세력에게는 대단히 위협적인 것으로 다가왔으리라는 것은 불을 보듯 뻔한 상황이었다.

1차 세계대전에서 미국이 주도한 연합국의 승리가 일본인들로 하여금 미국식의 풍속이나 자유주의적 사상을 '세계의 대세'로서 받아들이게 했다는 점은 앞에서 이미 지적한 바 있다. 더욱이 러시아 혁명은 일본의 지식인들에게 기존의 세계가 변화하고 있으며 또한 변화하지 않으면 안 된다는 일종의 강박관념에 사로잡히게 하였다. 이처럼 일본인들 각자에게 그 내용과 정도는 다르지만 광범위하게 나타난 불안감과 위기의식의 만연은 지금의 상태로는 안 되며, 무언가 변화시켜야 한다고 인식하게 만들었다는 점에서는 공통된 모습으로 나타났다. 이러한 분위기는 당시의 각종 사회운동에서 등장했던 '개조(改造)'라는 용어가 마치 시대정신(Zeitgeist)인 것처럼 사용되었던 데서 역설적으로 드러난다.[34]

이를테면 당시 여명회(黎明會)와 함께 가장 중요한 사회운동단체

---

34) 1919년 한 해의 경우, 잡지로서는 사회주의적 색채를 지닌 『개조』가 창간되었으며 조직으로서는 파리평화회담 후 세계변동에 대응하는 일본의 개조를 모색한다는 기치하의 '개조동맹'과 보통선거를 지향하기 위해 각종 청년단체의 연합체의 성격을 띠는 '청년개조연맹' 등이 창설되었다. 또한 당시의 정치 슬로건으로서는 '기성정당의 개조', '일본의 개조', '세계개조', '사상개조' 등이 유행하는 등 일본열도는 온통 개조의 물결로 넘실거리고 있었다. 각종 개조운동에 대해서는 三谷太一郎, 앞의 논문, pp.248-265; 金原左門, 「'改造'の時代」, 『昭和の歴史1. 昭和への胎動』(小學館, 1983).

의 하나로서, 동경제국대학 법과대학 학생을 중심으로 하고 있었던
'신인회(新人會)'가 내건 강령은 2개항으로 되어 있었는데 다음과 같이
당시의 분위기를 집약시켜 보여준다.

1. 우리는 **세계의 문화적 대세**인 인류해방의 새 기운에 협조하여 이를
   촉진시키는 데 힘쓴다.
2. 우리는 현대 **일본의 합리적 개조**운동에 따른다.[35]

이러한 전환기적 상황에서 팽배한 위기감의 실체는 한마디로 '막
연한 불안'이라는 말로 표현해야할 지 모른다.[36] 하지만 이러한 막연한
불안감이 군인들의 의식 속에서 무슨 이유 때문인지 보다 현실적이고
구체적인 모습으로 확산, 각인되어 갔다. 그렇다면 입장을 바꿔 군부의
시각에 비춰진 이 시대의 상(像, image)은 어떠한 것이었는지 생각해
볼 필요가 있다.

[35] 新人會記事,「デモクラシ」, 第1卷 第1號(1919년 3월호),
法政大學 大原社會問題硏究所編, 『日本社會運動史料 新人會
機關誌』(法政大學出版局, 1969), p.16; 三谷太一郎, 앞의 논문,
p.256에서 재인용. 강조는 필자.

[36] 1927년 7월 당시의 문인이었던 아쿠다가와 류노스케(芥川
龍之介, 1892-1927)는 '막연한 불안'이라는 말을 남긴 채 자살
하였다. 이에 대해 소설가이자 평론가인 히로쓰 가즈오(廣津和
郎, 1891-1968)는 동시대인으로서 그의 죽음을 이렇게 해석했
다. "류노스케의 자살은 자유주의가 다음의 어떤 것으로 전환하
지 않으면 안 되는, 그 전환을 앞둔 시기에 일어난 챔피언의
자살이다. 결국 과거 문화의 중압으로 꼼짝달싹도 할 수 없는,
그 때문에 신경을 온통 소모시킨, 일단의 작가의 고심이 가장
현저하게 노출된 (상징적인)사건이다." 廣津和郎, "우리 마음을
말한다", 1929년 1월, 야스다 다케시(安田武),「다가오는 파국」,
『日本文化史』2 (有斐閣, 1977), 김현숙, 박경희 역, 『일본문화사』
(혜안, 1994), p.375에서 재인용.

1차 세계대전을 전후하여 일본사회에서 군부의 지위는 크게 변하였다. 대전 후 일본 사회에 팽배된 민주주의와 사회주의 그리고 국제적인 평화의 무드는 군부의 사회적 지위와 인기를 크게 저하시켰다. 메이지시기 이래 막강했던 군부의 세력이 흔들리면서 군비의 축소를 단행하고 군부의 정치적 특권을 배제하려는 움직임이 각계에서 거세게 일어났다. 특히 시베리아 출병37)과 중국과의 외교에서 군부가 취한 독자적인 행보는 군부에 대한 사회적 비난을 더욱 고조시켰으며38) 긴축경제의 필요와 맞물리면서 군축이 진전되어 나갔다. 워싱턴체제 (Washington treaty system)39) 이후 실행된 해군의 군축에 뒤이어

37) 일본이 국내적으로 쌀 소동을 겪고 있을 무렵, 러시아 혁명정권의 타도를 위하여 열강들이 군대파병을 추진해 나가자 일본은 이에 발맞추어 시베리아의 자원을 확보하고 국내문제를 해소할 목적으로 군부의 주도하에 37만 3천 명에 달하는 대규모 병력을 러시아에 파견하였다. 열강들이 철수하고 난 후에도 군대를 잔류시킨 채 시베리아 점령에 대한 야욕을 버리지 않았던 일본군은 결국 대패한 후에 1922년 철수하게 된다. 일본군이 당한 국제전에서의 최초의 대패로 일컬어지고 있다. 시베리아 출병에 대해서는 藤原彰, 엄수현 역, 『日本軍事史』(時事日本語社, 1994), pp.163-171 참고.

38) 군부라는 치외법권 지대를 허용하는 한 일본정부는 반신불수 상태를 면하기 어렵다는 비판들이 당시의 의회주의자들에 의하여 제기되었다. 久野收, 鶴見俊輔, 심원섭 역, 앞의 책, pp.132-133

39) 워싱턴회의는 미국과의 충돌을 피하기 위해 정치적, 군사적, 경제적으로 현실주의적인 고려를 거듭한 산물이었다. 워싱턴회의의 여러 조약을 통해 외교 수단으로 일본의 안전과 이익을 유지해 가려고 한 것은 메이지 전기 시대의 외교 관념으로 복귀하는 성격을 지니기도 한다. 이러한 새로운 외교정책의 채택은 국제 간의 친선과 평화증진이라는 세계의 대세와 보조를 맞추려 한 것이었으며, 경제력이야말로 국력의 원천이며 해외시장의 확보와 확장이 국익을 증진시키는 길이라는 경제중심적 외교사

육군의 군축도 불가피하게 되었다. 육군은 1922년부터 1925년 사이에 군의 합리화와 근대화라는 이름으로 세 차례에 걸친 군축을 단행하였다.[40] 이때 군의 합리화와 근대화라는 일종의 개혁이 진행될 수 있었던 것은 1차 대전 이후 총력전(total war)이라는 개념이 군부에 널리 인식되면서 '창군 이래 맞이한 미증유의 위기'를 극복해야 한다는 공감대가 형성된 데서 비롯되었다.[41] 총력전체제를 확립하고 군대를 근대화시키기 위해서는 무엇보다 시급한 과제가 군부에 대한 번벌(藩閥)지배의 타파였는데,[42] 1922년 메이지의 원로이며 조슈(長州) 파벌

상의 수용과 긴밀히 관련되어 있다. 入江昭, 앞의 책, pp.94-96 참조

40) 세 차례에 걸친 육군 군축의 구체적 내용과 의의에 대해서는 藤原彰, 엄수현 역, 앞의 책, pp.177-193을 참고; 또한 당시 군사비의 국가재정상 비중을 보면 군부의 사회적 비중을 짐작할 수 있다.

군사비의 국가재정상 비중   (단위: 1000円)

연도	일반회계와 임시군사비 특별회계의 합계	직접 군사비	비율	비고
1905	887,937	730,580	82.3	러일전쟁
1914	617,994	304,566	49.2	日獨전쟁, 靑島전쟁
1918	1,142,806	580,069	58.0	시베리아 출병
1922	1,515,183	690,295	45.5	군축조약
1925	1,526,819	448,009	29.3	4개 사단 폐지
1930	1,557,864	444,258	28.5	군축조약
1935	2,206,478	1,042,621	46.1	
1940	10,982,755	7,947,196	72.5	
1944	86,159,861	73,514,674	85.5	

大藏省, 昭和財政史IV 臨時軍事費에 의거하여 후지와라 아키라(藤原彰)가 작성, 藤原彰, 엄수현 역, 앞의 책, p.215과 한상일의 『일본의 국가주의』(까치, 1988), p.69를 참조하여 부분적으로 재인용.

41) 小林順一郎, 『陸軍の根本的改革』(東京: 時友社, 1924), pp.1-2; 한상일, 앞의 책, pp.70-71에서 재인용.

의 총사령관이었던 야마가타 아리토모(山縣有朋, 1838-1922)가 사망하고, 1924년의 우가키 가즈시게(宇垣一成, 1868-1956)가 육군대신으로 오르게 되면서 점차 조슈 파벌의 육군지배라는 종래의 전통이 무너지게 된다. 우가키는 인물 본위의 인사정책을 추진하였을 뿐 아니라, 관동 대지진 이후의 어려운 예산을 고려하여 대폭적이고 과감한 군축과 군의 기계화에 착수함43)으로써 정당정치인과 중견장교들로부터 절대적인 신망을 얻었다. 그러나 우가키를 준(準)조슈 파벌로 간주하

42) 메이지체제가 확립된 이후 일본 육군은 조슈(長州)파벌, 해군은 사쓰마(薩摩)파벌에 의하여 지배되어왔다. 창군 이래 육군은 해군이 별다른 파벌투쟁을 겪지 않았던 것과는 달리, 야마가타 아리토모(山縣有朋, 1838-1922), 가쓰라 다로(桂太郎, 1848-1913), 데라우치 마사타케(寺內正毅, 1852-1919), 다나카 기이치(田中義一, 1864-1929) 등으로 이어지는 조슈 출신에 의해 다이쇼 시대에 이르기까지 지배되어 오다 번벌 지배에 대한 불만과 저항의 움직임이 우에하라 유사쿠 원수와 우치노미야 다로(宇都宮太郎) 대장을 중심으로 한 사쓰마, 사하(佐賀) 집단의 반조슈 파벌에 의해 일어나게 된다. 훗날 황도파(皇道派)의 중심인물인 아라키 사다오(荒木貞夫, 1877-1966), 마자키 진자부로(眞崎甚三郎, 1876-1956) 등이 여기에 속한다. 이와 함께 조슈나 사쓰마 출신이 아닌 육군대학 출신의 영관급 장교를 중심으로 한 육군의 인사 쇄신운동이 일어나는데 이 운동의 중심인물이 뒷날 통제파(統制派)의 총수인 나가타 데쓰잔(永田鐵山, 1884-1935)을 비롯한 오바타 도시시로(小畑敏太郎), 오카무라 야스지(岡村寧次, 1884-1966) 등이었다. 한상일, 앞의 책, pp.71-72
43) 우가키의 일기에 의하면 그가 이렇게 군축을 시도한 것과 군을 합리화한 것은 당시의 여론에 선수를 친 일종의 고육지책(苦肉之策)이었다. "육군 감축을 절규하는 방향은 사단의 감소를 시행하지 않고는 안 된다는 상황을 감안하여, 먼저 용단을 내려 그 감축을 개선으로 전용하도록 한다. 즉 국민의 여론을 국군의 쇄신에 이용하여 지도한 것이다." 『宇垣日記』 중에서 藤原彰, 앞의 책, p.182에서 재인용.

는 우에하라 유사쿠(上原勇作, 1856-1933)를 중심으로 한 세력은 우가키를 비난하고 나섰고, 소속부대를 잃은 청년 장교들은 이에 동조하여 '우가키 국적론(國賊論)'을 폈다.[44]

　　그럼에도 불구하고 군부는 일본의 안보가 겨우 자리를 잡아가고는 있지만 많은 국가적, 문명사적 과제를 안고 있는 일본이 정당정치, 특히 당파정치를 한다는 것이 변명할 여지가 없는 사치며, 국민의 소망과 필요에 대한 불감증에 다름 아니라고 간주하는 경향이 있었다.[45] 일본 장교의 출신성분이 점차 중류계급 혹은 서민층으로 확대되면서 당시 농촌 및 서민들의 생활이 날로 피폐해져 가는 문제의 책임이 정경유착 및 금권정치 같은 재계, 정계, 군벌 권력층의 부패와 타락에 있다는 인식이 널리 공감대를 형성하게 되었다. 청년 장교들의 이러한 불만은 군인칙유(軍人勅諭)[46]에 따라 국내 개혁에는 군인이 앞장서야

44) 한상일, 앞의 책, p.75; 이러한 의미에서 일본 군부의 위기감은 일본 군부에 깊이 뿌리박고 있는 파벌 간의 미묘한 갈등관계를 고려하지 않으면 제대로 이해될 수 없을 것으로 판단된다. 군부 내 존재하던 파벌 간의 갈등은 이후 30년대 들어서면서 황도파와 통제파의 대립으로 다시 고개를 들게 되는데 이에 대해서는 후술한다.

45) Tetsuo Najita, 앞의 책, p.150

46) "짐은 너희들 군인의 대원수니라. 그런즉 짐은 너희를 손발 같이 의뢰하고 너희는 짐을 우두머리로 우러러보아야 비로소 그 친함이 특히 깊을 수 있을 것이라. 짐이 나라를 보호하며 하늘의 은혜에 보답하고 조상의 은혜에도 보답할 수 있느냐 없느냐는 너희들 군인이 맡은 직분을 다하고 못하고에 달렸을 것이다. [……] 군인의 본분은 충절을 다함에 있느니라. [……] 오로지 자기의 본분인 충절을 지키고 의리는 산보다 무겁고 죽음은 새털보다 가볍다고 각오할지어다. [……] 급이 아래인 사람이 상관의 명을 받는 것은 곧 짐의 명을 받는 도리로 여길지니라 [……]" 레너드 모즐리, 팽원순 역, 『일본천황 히로히

한다는 선민의식(選民意識)과 결부되어, 유사시에는 세상의 악에 물들지 않은 우리가 나서서 국가를 위해 생명을 바쳐야 한다는 의식과 결합되어 급진적인 방식으로 나아갈 소지가 있었다. 더군다나 1차 대전 이후 수차에 걸친 군축이 정당, 재벌, 원로, 군벌 등이 경솔히 세계 풍조를 타고 군부를 희생시켜 가면서 국가를 위태롭게 만드는 경솔한 행동이라는 생각을 가졌고 따라서 공격의 당면 목표를 이들에게 맞추는 경향이 나타나기 시작했다.[47]

이러한 상황에서 섭정궁 히로히토(裕仁, 1901-1989)를 저격하려 한 도라노몬(虎の門) 사건이 일어나는가 하면[48] 중국에서 내셔널리즘이 확대되면서 저항의 기운이 높아만 갔고, 미국에서 인종차별적인

토』(깊은샘, 1994), pp.200-202에 수록된 군인칙유 전문 참조.
47) 성황용, 『日本의 民族主義』(明志社, 1986), pp.86-87.
48) 1923년 12월 27일의 도라노몬 사건의 내막은 베일에 가려있다. 레너드 모즐리가 쓴 『일본천황 히로히토』에 의하면, 이 사건의 범인은 남바 다이스케(難波大助, 1899-1924)라는 사회주의자였다고 당국에 의해 발표되었는데, 당시 섭정궁 히로히토의 인기가 절정에 있었던 때에 그를 암살하는 것이 국민으로부터 사회주의에 대한 인식만 나쁘게 한다는 점 등을 감안할 때 이는 신뢰하기 어려운 것이라고 말하고 있다. 하지만 리챠드 미첼은 남바 다이스케가 정신이 멀쩡한 사회주의자였다는 근거를 제시하면서 이와 다른 주장을 펴고 있다. 그 사건의 진실이 어떤 것이든, 레너드가 지적하는 것처럼 이 사건에서 가장 큰 이득을 얻은 것이 군부세력이었다는 사실은 주목할 필요가 있다. 왜냐하면 이 사건을 계기로 하여 군부는 히로히토가 더 공개 장소에 나가지 못하도록 할 만한 구실이 생겼기 때문에 이후 천황을 궁중에 가두어 둘 수 있게 되었기 때문이라는 것이다. 그것은 군부에게는 섭정궁 히로히토를 거리에서 국민의 박수갈채를 받는 대중적 영웅보다 저 멀리 구름 위에 있는 것처럼 신격화된 존재로 만들 필요가 있었기 때문이다. 레너드 모즐리, 팽원순 역, 앞의 책, pp.102-104, Richard H. Mitchell, 김윤식 역, 앞의 책, pp.55-59

배일 이민법안이 통과됨으로써 군부의 이러한 위기감은 더욱 고조되어 갔다. 서양에 대한 배척의 기운이 다시 고개를 들었고, 시데하라(幣原喜重郞, 1872-1951)49)의 경제적 실리외교가 굴욕적인 자세라는 비난의 소리가 높아갔다.

4. 새로운 통합언어의 모색과 일본 국가개조론의 부상

천황제로 상징[顯教]되지만 원로들의 과두지배와 관료엘리트에 의해 실질적으로 유지[密教]되는 메이지 질서는 1차 세계대전을 전후한 자유주의적 입헌주의적 국내 정치와 공개외교 및 평화외교를 기조로 하는 국제관계의 전개가 세계적 대세로서 떠오르면서 사회 통합의 구심점으로서의 역할에 제동이 걸리게 되었다. 이러한 시대적 조류와 맞물려 새로운 사회통합의 원리가 진지하게 모색되었는데, 당시에 제기된 통합원리는 대개 자유주의적 민주주의, 사회주의, 국가개조라는 세 가지 범주로 분류하여 생각할 수 있다.

자유주의적 민주주의 운동은 우선 진보적 지식인을 중심으로 하는 계몽운동으로 나타났는데 주로 특권을 갖지 않은 산업자본가 계층과 근대적 중산층을 그 기반으로 했으며, 그 구체적 목표를 헌정의 유지 및 정당내각제, 보통선거제의 실현에 두고 있었다. 다이쇼 데모크라시

---

49) 시데하라 기주로(幣原喜重郞)는 1차 세계대전 중에 외무차관, 전후에는 미국대사를 지냈고, 1924년부터 1927년, 1929년부터 1932년까지 외무대신을 역임한 인물로서 일본 외교의 이념을 국제협조주의, 특히 경제외교에서 찾으려 했다.

의 사상적 기반을 제공한 계몽운동의 선구자는 요시노 사쿠조(吉野作造, 1878-1933)였다. 요시노는 대역사건(大逆事件) 이후 일본 사상계를 뒤덮은 재갈을 걷어내고자 '민본주의(民本主義)'의 기치를 내걸었다.50) 그는 우선 국가적 현실이 아직 헌법을 충분히 활용하지 못하고 있으며 국체론의 전횡을 낳는 지반이 존재한다는 사실을 분명히 인식하였으며, 이에 근거하여 현실을 헌법의 완전한 실현을 위한 방향으로 개혁해 가려는 계획을 세웠다.51)

요시노는 메이지 말기의 민중의 시위운동이 내면적 이상과 현실적 정치 사이의 괴리를 자각하게 된 민중이 직접적인 저항의 방식을 선택한데서 나타난 것으로 이들의 정치의식이 성장한 증거라고 지적하고 이들의 욕구는 보통선거와 책임내각으로 소통될 수 있는 것으로서 기존 헌법의 테두리 안에서 해결할 수 있다고 주장하였다.52) 그가 생각하는 입헌 정치란 단지 헌법에 따라가는 소극적 의미(negative meaning)가 아니라 근대국가가 입헌 정치를 채택하게 된 그 근본정신 자체를 실현하는 적극적 의미(positive meaning)를 지니는 것이었다. 즉 인민 권리의 보장, 삼권 분립주의, 민선의원 제도의 원칙이라는 세 가지 원칙을 그 근본정신으로 하고, 이 세 가지 원칙은 근대정치가 특권계급이 아닌 일반 민중의 행복을 그 목적으로 하며, 정부의 정책은 민중의 행복을 실현하기 위해 행해져야 하며 민중의 뜻에 따라야

---

50) 요시노의 민본주의에 대한 전체적인 설명을 시도하고 있는 논문으로는 坂本多加雄, 「吉野作造の民本主義: その過去と現在」, 『比較の中の近代日本思想』(山川出版社, 1996)을 추천할 만하다.
51) 久野收, 鶴見俊輔, 앞의 책, p.130
52) Tetsuo Najita, 앞의 책, p.157

한다는 보다 근본적인 원리에 기초한다. 그가 내세운 민본주의는 천황제와의 명확한 대결을 피하기 위하여 법이론 상의 주권의 소재는 묻지 않고 다만 주권운용의 목적과 중심을 일반 민중에 두고자 했다. 그는 천황주권론(天皇主權論)을 정식으로 반박하지 않고 천황주권론의 정치적 구체화의 결과로 일컬어지는 천황친정론(親政論)이 실행 불가능한 형식론에 불과하며 그것이 실제로 관료적 전제정치와 내각의 무책임성으로 귀결될 수밖에 없는 이유를 밝히고, 명목상의 천황친정론을 뒷받침하고 실질적으로 군부의 독립을 보증하는 천황대권(天皇大權)에 대한 근본적인 개혁을 시도하였다.53)

한편 법 이론의 측면에서 정당내각제를 정당화한 것은 미노베 다쓰키치의 이른바 '천황기관설'이었다. 미노베의 논리는 다이쇼 후기에 이르면 학계 뿐 아니라 정계・관계에서 폭넓게 수용되어 호즈미 야쓰카(穗積八束, 1860-1912)에서 우에스기 신기치(上杉慎吉)로 이어지는 천황주권론에 대해 우위를 확립하게 되었는데, 이에 따르면 천황은 국가통치의 주체가 아니며 통치권은 법인인 국가에 속하고 천황은 국가의 최고기관(the highest organ of state)으로서 통치권을 행사한다. 따라서 미노베의 논리는 국가의 통치권이 천황에게만 속함을 부인하는 것이며 특히 대일본제국헌법 밑에서의 입법권의 우위를 주장할 뿐 아니라 입법권의 주체인 제국의회가 천황으로부터 독립한 국민의 대표자라는 것이다. 그런데 국민의 대표자인 제국의회에서 이러한 본질에 가까운 것이 중의원(衆議院)이고 그 주력이 정당이라는 사실을 감안하면 보통선거권에 의거한 비례대표제 실시가 마땅하다는 것이었

---

53) 久野收, 鶴見俊輔, 앞의 책, p.132

다.54)

요시노가 메이지 헌법의 테두리 안에서 민주주의적 이론과 계몽된 사회여론에 부응하도록 개혁될 수 있다고 생각하면서 개인의 도덕적 가능성에 관심을 집중했던 반면, 미노베의 헌법이론은 통치권 행사의 합리성을 강조하기 때문에 전문화된 관료 엘리트에 정통성을 부여하게 된다. 미노베에게 개인의 정치참여란 입헌체제의 하나의 구성원으로서 였고 따라서 모든 정치적 개인이란 언제나 권력의 위계질서 속에서 개념화될 수밖에 없었다. 따라서 요시노의 저술이 1910년대 후반에서 20년대의 비판적 지식인들을 선도해 나간 반면 미노베의 저작은 의욕적인 관료들의 길잡이가 되었다.55)

자유주의적 입장에서 진행된 개인의 도덕적 가능성에 대한 신뢰가 실천을 위한 처방으로서는 적절하지 못하다고 생각한 일련의 지식인들은 사회의 근본적 성격과 구조라는 객관적인 세계를 설명할 필요를 느끼게 된다. 이러한 이론적인 탈출구로서 마르크스주의가 부상되었는데 마르크스주의자들은 도덕적 분노를 과학적 혹은 보편적 원리에 입각하여 분석, 설명하고자 하였다. 마르크스 이론이 일본 역사의 체계적인 연구에 깊이 응용되면서 생산력의 증가와 사회계급 간의 상호관계, 역사 속에서 풍요와 빈곤의 대조적 모순의 현실을 변증법적

54) 차기벽, 「대정기의 사회문제와 사회운동」, 『국권론과 민권론』 (한길사, 1981), p.104; 이후 20여 년 간 미노베의 천황기관설에 입각한 헌법 해석은 정설로 인정되어 학계에서나 사회적으로 그의 지위는 확고하게 자리 잡아가는 듯했다. 이후 미노베의 천황기관설에 대한 전 국가적인 거부 움직임에 대해서는 뒤에서 다시 언급한다.
55) Tetsuo Najita, 앞의 책, pp.157-158

으로 설명하게 되었고 일본의 근대성은 철저하게 부정적으로 인식되었다.56) 마르크스주의자들은 사회주의 혁명전략 등을 둘러싸고 야마카와 히토시(山川均, 1880-1958)와 후쿠모토 가즈오(福本和夫, 1894-1983)를 양축으로 하여 치열한 논쟁을 벌이는가 하면, 보다 학술적인 차원에서 일본 근대사에 대한 해석 등을 둘러싸고 다수파인 강좌파(講座派)와 소수파인 노농파(勞農派)로 나눠지기도 했다.57)

마르크스주의적 역사관은 1920년대 수많은 지식인들에게 공유되었으나 그 대다수는 현실정치로부터 스스로를 멀리 유리시켜 나갔으며, 하나의 정치적 세력으로 단결되지 못했다. 이러한 점에서 요시노의 이상주의적 자유주의적 전통과 가와카미 하지메(河上肇, 1879-1946)를 비롯한 사회주의자들은 실질적으로 닮아 있었다고 할 수 있다.58) 이렇듯 자유주의 및 사회주의 사상이 현실정치로부터 조금씩 그러나 분명히 이탈되어 갔던 주요한 원인으로는 세계의 대세에 따른 상황추수적(狀況追隨的) 경향과 독립된 존재로서의 개인에 대한 인식의 부족,

---

56) Tetsuo Najita, 앞의 책, pp.159-163

57) 차기벽, 「일본의 진보주의, 그 역사적 성격과 전개」『오늘의 일본을 해부한다』(한길사, 1986), pp.118-124

58) 이러한 자유주의와 사회주의의 성격이 절충되어 있는 운동이 스즈키 분지(鈴木文治, 1885-1946)의 '우애회(友愛會)'-1912년 8월 발족, 1919년 8월 대일본노동총동맹우애회로 개칭하였다-를 중심으로 한 일련의 '노동조합주의'였다. 우애회는 현대 일본 노동운동의 직접적인 원류가 된다고 평가되는 단체로서, 처음 우애회를 이끌어간 사람들은 주로 자유주의적 지식인이었으며 조합원의 마음을 사로잡은 것이 '데모크라시'였던 반면에, 러시아혁명과 쌀소동을 통해 자본주의의 모순을 통감한 지도부는 사회주의사상과 생디칼리즘 등에 사로잡혀 있었다. Tetsuo Najita, 앞의 책, p.164; 차기벽, 「大正期의 社會問題와 社會運動」『국권론과 민권론』(한길사, 1981), pp.110-114

천황제를 모태로 하는 가족적인 국가체계로서의 '국체'에 대한 근본적인 비판의식의 결여, 지도세력의 분열과 정치력의 한계, 그리고 국민들의 열악한 정치적 수준 등을 꼽아야 할 것이다.

그러나 이러한 측면 이외에도 이른바 당근과 채찍으로 비유될 수 있는 메이지 정부의 회유와 탄압정책이 지속적으로 일본열도를 둘러싼 정치적 현실로 존재하였음을 간과해서는 안 된다.59) 정부나 일본의 보수적 지식인의 입장에서 볼 때, 민본주의와 마르크스주의 같은 민간에서 이루어지는 새로운 사회통합 원리의 모색 그 자체가 지금까지 근대 일본을 지탱해오던 사상이나 도덕, 체제를 파괴하는, '국체에 대한 도전'이 아닐 수 없었으며, 따라서 이러한 '위험사상(危險思想)'을 효과적으로 억제하지 않으면 국가 장래에 큰 위험을 초래할 것으로 간주되었다.60) 그러므로 "1차 대전 후 새로운 상황의 산물에 직면한 지배자의 강한 위기의식은 지배자로 하여금 다시 국민의 사상 통제의 방향으로 몰고 가게 했던 것이다".61)

59) 사실 1차 세계대전 이후 민간에서 나타나는 자유주의 및 사회주의사상과 노동운동 등의 급속한 성장에 직면하게 된 정부는 대응책을 강구하던 중 1923년 9월 야마모토(山本)내각의 보통선거 단행성명, 24년의 국제노동총회 노동대표선출권의 노동조합에로의 이양, 25년의 보통선거법의 제정 등에서 볼 수 있는 것처럼 국민들의 불만을 한편으로는 흡수하면서, 다른 한편으로는 과격 사회운동 단속법안의 제출, 공산당 대검거, 관동 대지진을 틈탄 사회주의자 말살, 1925년의 치안유지법 제정과 같은 강력한 탄압정책을 추진하였다. 차기벽, 「대정기의 사회문제와 사회운동」, 『국권론과 민권론』(한길사, 1981), pp.114-115

60) 성황용, 앞의 책, p.75

61) 伊藤隆, 『昭和初期政治史硏究』, p.358, Richard H. Mitchell, 앞의 책, p.28에서 재인용; 이러한 사상통제의 제도적

하라-다카하시(原-高橋)체제(1918-1922)의 뒤를 이은 3개의 초연(nonparty) 내각(1922-1924)이 일본의 정치 불안을 해소할 능력이 없음이 자명하다고 여겨지면서 등장한 것이 가토 다카아키(加藤高明, 1860-1926)내각이었다. 1925년 봄, 데모크라시운동의 주요한 이슈였던 보통선거법안과 정치활동의 제한을 공식화하는 치안유지 법안이 그 상징적인 이미지로 인해 정치적으로 첨예하게 대치하는 상황에서, 역설적으로 이들 법률안이 함께 채택되었다.62) 자유로운 정치활동의 보장과 이에 대한 탄압을 상징하는, 근본적으로 상호 모순되는 두 개의 법률안의 제정이 당시의 불안에 대한 정부의 진지한 대응책이 아닐 수 없었다. 보통선거법의 성립이 선거권자의 수를 300만에서 1300만으로 증가시켜 놓았다는 단순한 사실 하나만 감안하더라도 정부의 보수인사들에게 보통선거법의 전제로 인식되었던 치안유지법의 내용이 매우 중요한 의미를 지니고 있으리라는 점은 의심할 나위가 없을 것이다. 치안유지법안이 1925년 2월 19일 중의원 위원회에 제출되었을 당시, 용어상의 애매모호함으로 논란이 된 제1조 제1항은 다음

장치를 마련하는 가장 중요한 역할을 담당한 것이 반체제파에 대한 관료의 공격을 지도한 사법성(司法省)이었는데 이들은 자신의 주된 임무가 두려운 외래사상의 위험성에 대해 국민에게 인식시키는 데 있다고 믿고 있었다. 사법성의 관료들은 직무의 특수성과 고도의 전문화 때문에 사법분야에서 전출되지 않아서 인사이동이 잘 이루어지지 않았다는 점에서 다목적인 내무성의 관료들과 구별되며, 또한 사법성의 규모가 훨씬 작다는 이유 때문에 보다 동질적이었고, 훨씬 결집력이 강했다. 이러한 사법성의 인맥은 히라누마 기이치로(平沼騏一郎, 1867-1952)파가 확고하게 장악하고 있었기 때문에 "히라누마의 사법성"이라고 불리었다. Richard H. Mitchell, 앞의 책, pp.29-34, 59-60.
62) 보통선거법과 치안유지법의 상관관계에 대해서는 Richard H. Mitchell, 앞의 책, pp.64-73

과 같이 되어 있었다.[63]

제1조 (1) 국체(國體) 또는 정체(政體)를 변혁하거나 사유재산제도를 부인
함을 목적으로 결사를 조직하거나 이를 알고도 이에 가입한 자는 10년
이하의 징역 또는 금고에 처한다.

여기서 국체라는 불가사의하고 고도의 정서적인 용어를 사용한
것은 천황의 신민에게 강한 정서적 공감을 불러일으켜 천황에 대한
'외경'으로 신민을 교화하고자 한 정부의 일관된 의지를 반영하고자
했기 때문이다. 결국 의회가 '국법을 혼란케 하는(subvert the laws
of the state)'과 같은 구체적인 용어를 사용하는 대신에, '국체를 변혁하
는'과 같은 어구, 특히 국체라는 애매하기 이를 데 없는 단어를 법률용어
로 그대로 사용하여 치안법을 성립시킴으로써 윤리와 법의 영역이
거의 동일한 것으로 간주되는 상황을 연출하였던 것이다. 국체가 이처
럼 윤리적 영역에서 한 단계 더 나아가 법률용어로 채택됨으로써,
'일본으로서 보호해야 할 가치 있는 일체의 것'을 상징하게 되어 광범위
하게 남용할 소지를 마련하게 되었다. 이처럼 치안유지법은 형사입법으
로서의 의도를 가짐과 동시에 국가의 통합과 융화를 강력히 추진하려는
의도를 태생적으로 지니고 있었으며, 이후 몇 차례의 개정을 거치는
동안 '국체의 변혁'에 대해 보다 적극적인 의미로 해석하게 되면서

63) 중의원 위원회에 제출된 치안유지법안의 내용과 이에 대한
국체라는 용어를 둘러싼 논란에 대해서는 信夫淸三郎, 『大正政
治史』, pp.1200~1201; Richard H. Mitchell, 앞의 책, pp.70~71
참고.

이른바 '사상범죄'의 여부는 법률적인 문제에서 운용상의 문제로 간주되어 갔다.64)

이와 아울러 주목되는 것은 문부성의 반응인데, 1928년 3·15사건 이후 문부성은 지금까지 학교에 대한 행정상 지침을 마련한 것과는 달리 구체적이고 완전한 통제를 중시하는 교육규제의 강화방침을 밝히게 된다. 이러한 새로운 정책은 '국체 관념 함양'이라는 제목으로 관보에 실렸는데 그 요지는 다음과 같이 요약할 수 있다. '모든 수입사상은 완전히 일본화 되어야 하며, 이상한 사상은 배제되어야 한다. 또한 교사는 국체를 견고히 지지하여 그 의미를 제대로 이해해야 한다. 우리는 학생 생도들이 이상한 사상에 감염되지 않도록 보호해야 하며, 마음을 기울여 우리 건국의 본의를 체득시켜 국체 관념을 분명히 하도록 해야 할 것이다'.65) 이러한 사회적 분위기에서 사법성은 형벌과 엄격한 규제법규만으로는 불충분하며, 과도하게 가혹한 치안유지법에만 의거할 것이 아니라 형벌 대신에 '사상개조(思想改造)', 실형 대신에 '형집행 유예'의 필요성을 강하게 느끼게 되었고 이러한 생각이 발전하여 대다수의 사상범을 보석하여 사회에서 적극적으로 수용하는 정책으로 전환하고 있었다.

이렇듯 열악한 정치적 상황에서, 자유주의 혹은 사회주의 사상과 같은 정치적 견해를 가진 진보적인 지식층은 입헌정치에 대한 믿음에도 불구하고 입헌정치를 지원하는 데 실질적인 힘을 북돋아 주지 못한 채 지적 충족과 헌신의 세계에 머무르게 되었다. 이러한 시대적 상황의

64) Richard H. Mitchell, 앞의 책, p.111
65) 北一夫, 『日本共産黨始末記』, pp.47-50, 54; Richard H. Mitchell, 앞의 책, pp.109에서 재인용.

와중에서 정치의 효용성에 대한 확신을 줄 수 있는 보다 전염성이 강하고 실천적인 관점을 견지하는 또 다른 비판의 소리가 높아갔는데, '국가개조론'에 입각한 체제 비판이 바로 그것이었다.66) 1차 대전 이후 싹트기 시작하여 1930년대 구체적 행동으로 나타난 국가개조론과 이후 쇼와유신 운동사에 걸친 주요 인물들 중에서 사상적, 실천적인 면에 걸쳐서 가장 인상적이고 중요한 인물로는 기타 잇키(北一輝)와 오카와 슈메이(大川周明, 1886-1957)를 들어야 할 것이다.

1) 기타 잇키(北一輝)의 일본국가개조론

기타 잇키는 1906년 앞서 상세히 언급한 바 있는 『국체론 및 순정사회주의』를 집필한 후 중국의 혁명운동에 가담하여 이를 체험하는 과정에서 '반역의 칼을 통치자의 허리에서 훔쳐내려 하는 군대와의 결탁'만이 혁명을 보증할 수 있다는 사실과, 아울러 '토착적 민족주의의 뿌리는 대단히 깊고 강하며 토착적 민족주의에 근거하지 않은 혁명운동은 실패할 수밖에 없다'는 확신을 갖게 되었다.67) 1919년 상하이에서 기타는 자신의 모든 사상을 종합하여 『국가개조안원리대강(國家改造案原理大綱)』을 집필하여 새로운 혁명의 청사진을 밝혀 놓았는데, 이 책은 후일 『일본개조법안대강(日本改造法案大綱)』(이후 『대강』으로 약칭함)이라는 이름으로 일본에서 출간되었다.68) 그의 국가개조사상

---

66) Tetsuo Najita, 앞의 책, p.164

67) 北一輝, 『支那革命外史』, 1938, pp.51-53; 久野收, 鶴見俊輔, 앞의 책, p.137-140. 기타는 자신이 중국에서 체험한 혁명운동을 바탕으로 1915년, 16년에 걸쳐 『지나혁명외사』를 집필하였다.

68) 『대강』은 쇼와유신의 이론적 근거이자, 개조론자들이 준비

이 집약된『대강』을 핵심적인 논지를 중심으로 재구성하여 정리하면 다음과 같다.

서론에서 "(국가적인 위기상황에 직면하여)우리가 분명히 해야 할 것은 일본인의 대단합을 통한 단결된 '하나의 의견'을 위한 천황대권(天皇大權)을 마련하는 것이며, 이때 천황에 대한 충성을 서약함으로써 국가재건의 기초는 마련되어질 수 있다"[69]고 밝힌 기타는 본문의 서두에 '국민의 천황'[70]됨을 분명히 명시하였다. 이러한 사실로 미루어

하고 기도한 쿠데타의 경전(經典)이었다. 서론과 결론, 그리고 8개의 장으로 구성된『대강』은 정치, 경제, 사회의 개조를 설명하는 부분과 일본의 국가적 사명을 밝히는 부분으로 되어 있다. 청년 장교들에게 혁명사상을 심어 쇼와유신이 활성화되는 산파의 역할을 담당했던 니시다 미쓰기(西田稅, 1901-1937)는『대강』이 "일본이 가지고 있는 유일한 일본 정신의 체현이고, 유일한 개조사상이며, 동시에 세계에 과시해야할 사상"이라고 주장하였으며, 마루야마 마사오는 기타 잇키가 일본 파시즘의 교조이며,『대강』은 쇼와시대 초국가주의(超國家主義) 운동의 '나의 투쟁(Mein Kampf)'과 같다고 평가한 바 있다. 한상일,『日本의 國家主義: 昭和維新과 國家改造運動』(까치, 1988), pp.96, 106; 丸山眞男,『現代日本政治の思想と行動』(東京: 未來社, 1956), p.34

69) 北一輝,「日本改造法案大綱」, 今井淸一, 高橋正衛 編,『現代 史資料 5: 國家主義運動 2』(東京: みすず書房, 1982년판), p.10
70) 메이지 헌법의 '천황의 국민', '천황의 일본'을 뒤집어 '국민의 천황', '국민의 일본'을 새로운 통합원리로 삼으려 한 점에서 기타 잇키는 민본주의자인 요시노 사쿠조와 닮아 있었다. 이 두 사람은 모두, 천황과 국민 사이에 개입하고 있는 여러 기관이나 인물을 배제하면서 한편으로는 국민, 다른 한편으로는 천황과 직결되는 정부를 만들어 내려고 한 점에서 유사한 방향을 지향하고 있었다. 그러나 요시노가 여론과 대중운동에 의지하면서 의회·정당의 책임내각을 기초로 하여 헌법에 의거하여 이를 실현하려 했던 것에 반해 기타는 혁신세력인 청년 장교들의 쿠데타에 의해 헌법을 정지시키고 이를 달성하려했다는 점에서

볼 때 기타가 『국체론 및 순정사회주의』에서 일본의 국체가 결코 만고불역(萬古不易)의 것이 아니라고 판단하고, 국체를 '통치권의 존재 상태에 따라 나눈 국가의 구별'이라는 근대의 보편적 국체 개념에 근거하여 일본의 국체를 비판했던 지난날의 입장에서 후퇴하고 있음을 분명히 느낄 수 있다. 기타는 천황이 모든 일본 국민과 함께 국가개조의 기초를 다지기 위하여 천황대권을 발동하여 3년 간 헌법을 정지하고 양원을 모두 해산하며 전국에 계엄령을 선포할 것이며, 천황과 국민의 사이를 가로막고 있는 화족제(華族制)를 폐지하고 추밀원(樞密院)을 폐쇄하며, 그 대신 천황을 보좌할 수 있는 고문원(顧問院)을 설치하고 귀족원(貴族院)을 없애고 심의원(審議院)을 설치할 것과 또한 계엄령 시행 중 국민이 신망하는 인물들로 구성된 국가개조 내각을 구성하고, 보통선거를 실시하여 국가개조 의회를 구성하여 정치적 개조를 담당하게 할 것과 치안경찰법, 출판법 등 국민의 자유를 구속해서 헌법의 정신을 훼손한 여러 법률을 폐지할 것이며, 천황은 친히 모범을 보여 천황 소유의 토지, 산림, 주권 등을 국가에 하사해야 한다는 내용의 정치개혁안을 제시하였다.[71]

경제개조에 있어서는 상한선을 초과하는 사유재산과 기업의 자본은 국유화하여 국가가 통일적으로 관리 경영하게 하고, 토지도 사유지 한도를 초과하는 것은 국유화하여 황실로부터 받은 토지와 함께 토지를 소유하지 않은 농민에게 분배하기 위한 토지개혁을 단행한다. 여기서 기타가 재산소유의 상한선을 정하고 있는 것은 실질적으로 일본의

확연히 달랐다. 久野收, 鶴見俊輔, 앞의 책, p.118

71) 北一輝, 앞의 책, 「卷一 國民ノ天皇」, pp.11-13

경제권을 쥐고 있는 대재벌과 대지주를 겨냥하기 위함이며 결코 사유재
산권의 필요성을 부인하려는 것은 아니었다. 경제적 개조의 실질적
업무는 개조 내각에 직속될 재향 군인단 회의(在鄕軍人團會議)가 담당
하며, 이 기관은 사유재산 소유의 상한선을 초과한 재산과 징집, 사유지
한도를 초과한 토지 그리고 개인 생산업 한도를 초과한 자본을 조사하
고 수용하는 권한과 기능을 갖는다. 기타는 경제개조의 단행으로 인해
국유화될 대자본을 합리적으로 경영하고 경제구조를 재정비하기 위해
이를 담당할 국가의 생산적 조직으로서 은행성, 항해성, 광업성, 농업성,
공업성, 상업성, 철도성의 신설을 주장하고 여기서 발생하는 막대한
수익은 대부분 소비적 각 부처와 국민의 생활을 보장하는 데 지출할
것을 원칙으로 하며, 기본적 조세 이외의 여러 종류의 세금은 폐지할
것을 제안하였다.72) 그는 노동자의 권리보장에 특별한 관심을 기울이
면서 노동자가 이익배당과 경영권에 참여할 권리를 가진다고 주장한
다.73)

　　기타가『대강』에서 목표하는 일본의 사회상은 국민의 권리가 신장
되고 국민의 사회적 활동이 보장된 복지국가의 건설이었다. 그는 국민
의 기본권 보장을 중요시하였고 여성의 사회적 지위 향상과 인권
옹호를 강조하였으며, 국민에 대한 국가의 의무를 확대할 필요성을
역설한다. 그는 국민교육에 대해 특별한 관심을 나타내 보이면서 교육
의 기본 목적은 '일본 정신'에 기초한 세계적 상식을 양성하여 모든
국민의 심신을 충실케 함으로써 각자가 천부의 재능을 발휘할 수

---

72) 北一輝, 앞의 책,「卷二 私有財産限度」「卷三 土地處分三則」
　　「卷四 大資本 / 國家統一」, pp.14-21
73) 北一輝, 앞의 책,「卷五 勞動者 / 權利」, pp.21-23

있는 기본을 형성하는 것이라 말하고, 영어교육은 일본인의 사상에 미친 해독이 아편과 비슷한 것이기 때문에 폐지해야 한다고 주장한다.74)

일본의 대외정책과 관련해서75) 기타는 『대강』의 서론에서 전쟁의 권리와 함께 아시아주의에 입각한 일본의 사명을 강조한 바 있다.

거부할 수 없는 역사발전에 대해 걱정하고 이웃나라들의 절망적인 상태를 근심하는 우리가 어떻게 비현실적인 사회주의의 연약한 평화론에서 위안을 얻을 수 있겠는가? 나는 계급투쟁에 의한 사회진보를 반드시 폐기해야 한다는 것을 말하려는 것이 아니다. 다만 전인류의 역사를 통해 늘 있어 왔던 **국가들 간의 경쟁에 대해 어떠한 사회가 대체 이를 외면할 수 있는가를** 말하려는 것이다. 유럽과 일본의 혁명적인 강령 속에서 이들이 그 천박하고 피상적인 철학으로 말미암아 '검의 복음(the gospel of the sword)'을 제대로 이해시키지 못하는 이러한 때에, 우리 아시아문화의 그리스라고 할 수 있는 **일본이 자기 고유의 국체에 기반하여 국가의 개조를 완수해야만**

---

74) 北一輝, 앞의 책, 「卷六 國民ノ生活權利」, pp.23-28
75) 일본이 취해야 할 대외정책에 대해 기타는 『대강』에서 크게 두 가지 분야로 나누어 설명하고 있다. 하나는 조선을 포함한 일본의 해외 식민지에서 어떠한 정책을 취할 것인가에 대한 문제고, 다른 하나는 아시아의 맹주로서 일본이 택해야 할 정책에 관해서다. 기타는 한국이 일본의 속국이나 식민지가 아니고 일본 제국의 일부분으로서 북해도와 같은 서해도라고 말하면서, 일본이 한국을 합병한 것은 한국의 지정학적 위치로 인한 열악한 국제적 상황과 도덕적 퇴폐로 인한 정치, 산업, 학술, 사상의 부패라는 국내적 요인으로 인한 망국의 상황에 이른 점을 감안해 이루어진 선린행위였다고 평가하였다. 아울러 기타는 한국이 일본에 합병되기 전에는 이미 쇠진한 80세의 노파와 같았는데, 합병 이후에는 아직 자결의 힘을 배양하지 못한 10세의 소녀와 같다고 말하고 있다. 北一輝, 앞의 책, 「卷七 朝鮮其他現在及ビ將來ノ領土ノ改造方針」, pp.28-32.

하는 것이며 동시에 아시아주의의 신성한 기치를 내걸고, 도래할 세계연방의 지도력을 획득하자. 그리하여 우리 모두가 부처의 자녀라는 천도를 선포하고76) 세계가 따라야만 할 모범을 세우도록 하자. 따라서 국가의 무장에 반대하는 지혜와 식견은 참으로 유치한 것이 아닐 수 없는 것이다.77)

이처럼 기타는 국제사회에서 한 국가가 생존하고 발전하기위한 당연한 권리로서 전쟁을 정당한 것으로 인식하고 있었다. 기타는 이러한 전쟁관에 입각하여 일본의 혁명적 사명은 일본을 축으로 하는 아시아 건설과 세계 건설이라고 믿었다. 이러한 그의 생각은 『대강』의 본문에서 다음과 같이 나타난다.

국가는 자기방위 외에도 불의로 강력하게 억압받는 다른 국가 또는 민족을 위하여 전쟁을 개시할 권리를 가진다. 또한 국가자신의 발달의 결과로서, 불법적으로 대영토을 독점하여 인류공존의 천도(天道)를 무시하는 자에 대해서 전쟁을 개시할 권리를 가진다. [……] 영국은 전세계에 제일가는 대부호이고 러시아는 지구 북반구를 차지하고 있는 대지주이다. [……] **국제적으로 무산자라는 위치에 서 있는 일본이 정의의 이름으로 그들의 독점을 분쇄할 전쟁을 선언할 권리가 어찌 없다는 것인가? 국내적으로는 무산 계급의 투쟁을 용인하면서, 국제적 무산자의 전쟁은 침략주의라든가 군국주의라 규정하는 구미의 사회주의자는 그 근본 사상 자체가 자기모순이다.** 만일 국내의 무산계급이 조직적으로 결합하여 힘과 피로써 부정의한 현상을 타파하는 것을 그들이 인정한다면 국제적 무산자인 일본이 힘을

76) 기타는 당시 니치렌(日蓮)이 『법화경(法華經)』을 토대로 하여 1253년에 창시한 일본 불교의 일파인 법화종(法華宗)에 빠져 있었다. 久野收, 鶴見俊輔, 앞의 책, p.140
77) 北一輝, 앞의 책, 「緒言」, p.10. 강조는 필자.

조직적으로 결합하고, 육군과 해군의 군사력을 충실히 하여 전쟁을 수행함으로써 국제적 획정선의 부정의를 시정하는 것 또한 무조건 인정되어야 할 것이다. 합리적인 사회주의의 이름으로 일본은 호주와 극동 시베리아에서의 권리를 요구한다.[78]

천황의 지휘를 받는 전일본 국민의 초법률적 운동을 가지고, 우선 지금의 정치, 경제적 특권계급을 서둘러 절개하려는 이유는 내우와 외환을 낳는 화인(禍因), 이 커다란 종기를 제거하려는 데 있다. 일본은 지금 전부냐 아니면 전무냐(all or nothing) 하는 기로에 서 있다. **국가개조**는 유신혁명보다도 더 급박한 문제이다.[79]

여기서 기타는 사회주의에서 말하는 계급투쟁의 논리를 비판적으로 해석하면서 계급투쟁의 정당성의 논리를 빌어 국가 간의 투쟁을 정당화하고 있다. 기타는 이러한 논리의 연장선상에 서서 국제적 무산자인 일본의 국내외적인 혁명적 행위가 시대적 사명임을 주장하는 것이다. 기타는『대강』의 결론에서『대강』이 민족사상이 개화하여 이루어진 하나의 결실이 아닐 수 없으며, 따라서 '일본 민족의 사회혁명론'이라고 스스로 평가하면서 다음과 같이 결론짓는다.

동서 문명의 융합이라는 것은 일본화되고 세계화된 아시아 사상을 통하여 현존하는 모든 저급 문명의 국민을 계몽하려는 데에 그 의미가 있다.[80]

78) 北一輝, 앞의 책,「卷八 國家ノ權利」, pp.34-35. 강조는 필자.
79) 北一輝, 앞의 책,「卷八 國家ノ權利」, p.37. 강조는 필자.
80) 北一輝, 앞의 책,「結語」, p.38

2) 오카와 슈메이(大川周明)의 일본주의와 국가개조

오카와의 사상의 중심을 이루는 것은 일본 민족의 우월성을 바탕으로 한 국수적 일본주의였다. 일본과 일본인이 우수한 것은 국가주의, 이상주의, 정신주의를 생명으로 하는 일본정신 즉 '대화혼(大和魂)'을 바탕으로 하기 때문이라고 보았다.[81] 오카와가 생각할 때 일본정신의 본질과 특성은 '이상과 현실을 조화할 수 있는 능력'에 있었다. 오카와는 일본정신의 위대성을 다음과 같이 말한다.

> 일본이 그 정신 속에 받아들인 유교와 불교는 아시아정신의 양극이다. 유교는 세속적이며 실질적이고 현실적이며 대립적인 것에 반하여, 불교는 내세적이며 형이상학적이고 또한 초월적이며 절대적이다. 이러한 아시아 정신의 양극이 일본에 들어와 융화됨으로써 민족정신의 특성을 이루고 있다. 한편으로는 높은 이상을 추구하면서 또한 결코 현실을 망각하지 않는 것, 현세의 생활을 엄숙히 살아가면서 또한 항상 이상을 추구하는 것, 그럼으로써 현실과 이상이 균형을 이루어 결합한 것이다. 현상은 곧 실재이고, 이상은 곧 현실이며, 사바(娑婆)는 곧 극락이라는 이 심오한 진리를 생활 속에 실현했다는 것이 우리 민족정신의 위대함이다.[82]

오카와는 일본이 이렇듯 아시아 정신의 양극인 이상과 현실을 수용할 수 있었던 바탕이 유교나 불교가 전래되기 이전부터 일본 사상 속에 내재하고 있었기 때문이라고 말하면서 그 근본 바탕을 『고사기』와 『일본서기』에서 제시하였다.[83] 그에 의하면 이상과 현실

---

81) 大川周明, 『日本精神への淨化』(金澤市: 神武會石川縣支部書記局, 1932), pp.1-3

82) 大川周明, 『日本的言行』, (東京: 行地出版社, 1930), p.98

의 조화를 본질로 하는 일본 정신의 위대성은 일본에 유입된 모든 사상과 문명을 소화하여 '새로운 방향을 제시할 수 있는 능력'에 있다는 것이다. 따라서 일본에 유입된 어떠한 사상이나 문명이라도 결코 일본인의 생활 모습을 파괴할 수 없으며, 오히려 강한 포용력과 재창조의 힘을 가진 일본정신 속에 녹아들 수밖에 없다고 보았다.84)

오카와가 생각하는 일본 정신이 담고 있는 또 하나의 중요한 특성은 철저한 '국가주의 사상'이었다. 그에 의하면 인간이 인간으로 존재하는 의의와 가치는 바로 국가의 이상에 헌신함으로써 확립될 수 있는데, 이제까지 일본의 성장을 위해 일본 국민의 절대적 희생이 치러질 수 있었던 것은 일본 정신의 구체적인 발현에서 비로소 가능할 수 있었던 것이다.85)

그는 일본정신이 수행해야 할 궁극적인 역사적 사명은 인류 발전과 역사 진행에 '위대한 공헌'을 하는 것이라고 보았다.86) 오카와에 의하면 서양의 역사는 '조직변화의 역사'이며 제도와 조직의 힘을 통한 인간발전의 모색과 물질적·외적 생활조건의 충실을 지향하는 반면, 동양의 역사는 개인의 인격수양을 통하여 사회의 발전을 추구했고 정신적·내적 생활의 충실을 기하려 했다.87) 따라서 그가 의미하는 위대한 공헌이란 서양의 물질문명과 동양의 정신문명을 통합하여 새로운 문명을 창조하는 것이었다.88)

---

83) 한상일, 앞의 책, pp.142-143
84) 한상일, 앞의 책, pp.143-144
85) 大川周明, 『日本乃日本人の道』(東京: 行地出版社, 1926), pp.1-12
86) 앞의 책, p.125
87) 앞의 책, pp.127-128

일본을 제외하고서는 아시아나 동양에 있는 그 어느 국가에서도 유럽의 역사에서 볼 수 있는 것과 같은 진화의 흔적은 찾아볼 수 없다. 동양에서 민족의 흥망과 성쇠는 수없이 많이 반복되었으나 오늘에 이르기까지 조직이나 제도적 측면에서는 본질적인 변화가 전혀 나타나지 않았다. 오직 일본만이 그 예외다. [……] 이와 같은 역사의 변화 속에서 우리 일본은 유럽적 진화의 발자취를 뚜렷이 볼 수 있다. 이러한 발전을 이룬 것은 동양에서는 오직 일본뿐이다. 그러나 이러한 발전과 변화 속에서도 일관된 것은 국민적 생활의 중심이 천추만고 변화 없는 황실에 있었다는 것이다. 이것은 실로 훌륭한 동양적인 것이다.[89]

이처럼 동서양의 문명의 바탕을 함께 지니고 있는 예외적인 존재인 일본이 과거 불교와 유교의 반대적 속성을 조화시킬 수 있었던 것처럼, 동서의 이질적인 문명을 통일시킴으로써 세계역사의 진전에 위대한 공헌을 할 수 있다는 논리이다. 그러나 이러한 대립적 두 문명의 통합은 오직 동서양의 전쟁을 통해서만 가능하다고 오카와는 예언하였다.

동양과 서양이 분리된 채로 각자가 더 존속하기 어려운 단계에 이르렀음에도 불구하고, 지금 동과 서는 각각 자기의 길만을 위하여 힘을 다하고 있다. 세계사는 양자가 서로 결합하지 않으면 안 된다는 것을 명확히 보여준다. 그러나 이 결합은 결코 평화스럽게 이루어지지 않을 것이다. 천국은 항상 검의 그늘 속에 있기 마련이다. 동서의 전쟁은 새로운 세계창조를 위해서 피할 수 없는 운명이다. [……] 아시아의 최강국은 일본이다. 그리고 구미를 대표하는 최강국은 미국이다. [……] 일본이여! 그 역사적 필연의 전쟁이 1년 후가 될지, 10년 후가 될지, 또는 30년 후가 될지는

88) 앞의 책, pp.125-127
89) 앞의 책, pp.128-129

오직 신만이 알고 있다. 언제 신이 우리를 불러 세계통일을 위한 전쟁을 명하게 될지 모른다. 그때를 위해 준비하라! 건국 2,600년. 우수한 일본 민족은 일체의 이방문명을 섭취하여 자신의 심혼으로 키워왔기 때문에 반드시 세계사에 공헌할 수 있다.[90]

이처럼 힘과 투쟁에 바탕을 둔 오카와의 사관에 의하면 '만물은 항상 투쟁하고' 세계사는 '동서의 대립과 항쟁, 통일'의 역사였다. 따라서 오카와의 결론은 동양 문명을 대표하는 일본은 서양 문명을 대표하는 미국과 필연적인 전쟁을 수행하여 세계문명의 과도기적 단계를 끝내고 동서 문명의 통합과 세계통일을 수행해야 한다는 것이었다.

그러나 일본은 동서 문명의 통일이라는 역사적 사명을 지니고 있음에도 오카와의 눈에 비친 일본의 현상은 암울하기 이를 데 없는 것이었다. 무분별한 서양숭배의 풍조로 말미암아 국민은 '민족적 자존'을 잃어버렸고, 지도계급은 '세계 최고의 정신인 일본정신의 혼'을 상실함으로써 '일본의 위엄'은 날로 쇠락하고 있다고 생각한 것이다. 그는 일본의 정치가 부패하고 타락한 것도 결국은 정치가들이 일본정신을 상실했기 때문이라고 생각했다.[91] 따라서 일본은 일본정신을 재현시키고 국가적 위엄을 드높일 수 있는 '제2의 유신'이 필요하다는 것이다.[92]

오카와는 국가개조의 정신과 방법을 메이지유신에서 찾으려 했다. 그에 의하면 메이지유신의 근본정신과 논리는 천황과 국민 사이를 가로막고 있었던 지배계급이 소유하고 있는 토지와 인민의 지배권을

---

90) 앞의 책, pp.142-143
91) 大川周明, 『日本的言行』(東京: 行地出版部, 1930), p.50
92) 앞의 책, p.149

다시 천황에게 돌림으로써 막부체제에서 천황친정체제로 전환했으며, 이로 인해 천황하에서 관과 군이 일치하고 모든 국민이 평등한 국가를 건설했다는 것이다.93) 메이지유신이 이렇게 국내적 모순을 제거하여 일본 본래의 국체의 모습을 바로잡았기 때문에 외부로부터 밀어닥친 국가적 위기를 극복하고 발전을 지속할 수 있었던 것처럼, 당시의 위기적 상황과 비슷한 위기에 직면한 작금의 일본이 단행해야 할 제2의 유신도 본래의 국체 모습을 되찾아서 천황친정체제로 돌아가야 하며, 이를 통해 제2의 국가적 도약이 가능하다고 믿었던 것이다.

이러한 국가개조의 주체세력으로서 오카와는 메이지유신 때와 같이 소수의 애국지사와 군인을 지목했다.94) 일본정신에 가장 철저한 집단은 군인이라는 것이다. 오카와에 의하면, 전통적으로 정치가와 군인의 기능을 포괄했던 무사계급이 메이지 이후 정치가와 군인으로 분리되는 과정에서 군인은 무사정신을 계승하였고 무사정신 위에서 서구의 기술을 받아들여 막강한 힘을 양성하였으나, 정치가는 무사정신을 버리고 정치는 권모술수라는 서구의 사상과 서구의 제도를 받아들여 정치를 부패시키고 타락시키는 결과를 가져왔기 때문에95) 제2 유신의 핵심적 주체는 일본정신을 계승한 군인과 우국지사일 수밖에 없다는 논리다.

기타와 오카와가 품고 있었던 사상은 일본주의를 그 바탕으로 하면서, '계급'을 '국가'로 치환시켜 놓은 이른바 '국가사회주의'적

93) 大川周明, 「維新日本の建設」, 『大川周明全集』 4, pp.463-475
94) 大川周明, 「日本精神への淨化」, p.45
95) 大川周明, 「日本的言行」, pp.154-162

성격을 품었다는 점에 가장 큰 특징이 있었다. 그리고 두 사람 다 종교에의 귀의 즉 전통적 신앙에 대한 강한 의지를 지니고 있었다. 오카와가 일본 고유의 신화의 세계에 빠져 있었다면 기타는 일본 불교인 법화종(法華宗)의 행자(行者)였다. 따라서 이들에게 '행동하는 것'이란 궁극적으로 현재를 떠난 과거 속에 존재하는 신앙의 문제, 다시 말해서 현실정치로부터의 일정한 거리를 유지하면서 극단적 헌신을 위하여 몸을 던지는 초월적이고 예언자적인 행위로 여긴 것이라고 생각된다. 그러므로 이들은 기존의 강력한 체제나 강한 적에 저항하거나 도전할 때 주로 개인의 극한의 희생에 의지하려는 경향을 강하게 드러내 보였다. 그래서 이들은 국가혁신의 원동력을 사무라이 계급의 연장선상에 있는 군인에서 구한다는 점에서는 닮았지만96) 미시적인 면에서는 서로 다른 생각을 가지고 있어 갈등을 겪기도 하였다.97) 그럼에도 불구하고 이 두 사람이 그리고 있는 사상을 전체적으로

96) 中村菊男, 「自由主義와 國家主義의 갈등」, 『日本現代史의 構造』(한길사, 1980), p.93
97) 기타는 『지나혁명외사』에서 다음과 같이 말한다. "혁명이 일어나야 할 정도로 타락한 국가에서 대대장 이상의 위치를 차지하는 자들은 하나같이 배부르고 등이 따듯한 무리들로서, 모험을 감행할 만한 기개가 없는 자들이다. [……] 원래 태양이 서쪽에서 뜨는 법이 없는 것처럼, 고금에 혁명이 상층 계급에서 일어나는 일은 없다." 이처럼 혁명의 주체를 설정하는 데 있어, 기타는 군의 하급장교의 순정한 열정에 기대를 걸었던 반면, 오카와가 접촉한 장교는 주로 육군대학을 졸업하고 장래가 촉망되는 막료급 장교였다는 점에서 서로 달랐다. 기타는 이들 막료 장교들의 쇼와유신운동이 자신의 영달을 위한 것에 불과하다고 생각하여 오카와의 전략을 거리의 매춘부식 전략이라고 비판하였다. 이러한 현실적인 차이는 이들이 함께 조직운동을 진행하는 데 커다란 장애가 되었던 것으로 알려진다. 北一輝, 『支那革命外史』, 1938, p.69.; 久野收, 鶴見俊輔, 앞의 책, pp.137-138

종합해 보면, 일본의 국체에 근거하여 '국민의 천황'이 중심이 된 일본의 통합원리가 새롭게 제시되어 있을 뿐 아니라, '일본국가개조'의 정치·경제·사회적 구상 및 '획일화된 서양'의 축출의 필요성에 대한 사상적 근거를 모두 담고 있어, 이른바 '일본주의'와 '아시아주의', 그리고 이에 입각한 향후 '대동아공영권'의 순수(純粹)를 읽을 수 있다. 이들의 '사상'은 당시 일본사회에서 힘을 가지고 있던 군부의 청년 장교 및 혁신세력의 마음을 사로잡음으로써 이후 현실적인 '물리적 힘'으로 전화(轉化)될 순간을 예비하고 있었다.

5. 메이지 논리의 쇼와(昭和)에의 착상: '국체의 본의' 완성

1920년대 말기에 불어 닥친 '세계공황'은 일본 국내외의 모든 분야에 걸쳐 커다란 영향을 주었다. 우선 공황은 국제적으로 각국이 자국의 대외정책을 철저히 국익(national interest) 우선의 방향으로 전환하게 함으로써 철저히 자국중심의 현실주의적 기운이 '세계의 대세'로 자리 잡게 한 반면 공존공영(共存共榮)이나 세계평화와 같은 이상주의적 노력을 비현실적인 것으로 간주하는 분위기를 연출시켰다.98) 국내적으로 공황의 여파가 자본주의적 기반이 약한 일본 경제,

98) 이리에 아키라 교수는 시데하라, 다나카의 외교가 1920년대에 좌절했던 국제적 환경에 특별히 주목할 필요가 있음을 강조한다. 이리에 교수의 1920년대의 국제적 상황에 대한 진단은 다음과 같다. 첫째, 종래의 제국주의적 외교사상은 타파되었지만 그것을 대신하려는 워싱턴 체제는 세계강국이 지배하는 체제였다. 패전국 독일과 혁명국 소련은 그밖에 있었고, 중국은 그것을

특히 구조적으로 가장 취약한 농업부문과 중소기업에게 막대한 타격을 주었으리라는 것은 두말할 나위가 없다. 당시 만성적 불황 속에서 헤어나지 못했던 일본 경제는 공황으로 인해 나타난 무역부진, 긴축재정, 물가하락의 악순환으로 빠져들었으며 재벌의 산업지배 양상이 더욱 두드러지게 나타났는가 하면[99] 농촌경제를 받들고 있던 2대 지주인 쌀과 누에의 가격을 비롯한 모든 농산물의 가격을 대폭적으로 떨어뜨리면서, 농업공황을 유발시켜 놓았다.[100] 이러한 상황에서 시대

인정하려 하지 않았다. 둘째, 워싱턴체제가 각국 간의 조화와 평화를 전제로 했기 때문에 이에 반대하는 군부와 새로운 사상에 의해 지배되는 정부 당국 간의 차이가 각국으로 확대되어 갔다. 즉 외교와 군사가 서로 다른 사상에 의해 인도됨으로써 양자 간에 갈등의 요소가 내재하고 있었다. 셋째, 세계공황은 국제적 상호의존성을 상정한 경제주의를 파탄으로 몰고 감으로써, 국가 경제 이익의 추구와 국제협조 사이에 관련이 희박해지고 경제외교의 입지가 없어져 버렸다. 종합적으로 말하자면 1920년대의 근본 문제는 제국주의시대의 외교를 대신해야 할 신시대의 틀이 발달하지 않았다는 것이다. 낡은 외교의 틀이 없어진 후 나타난 것은 경제외교 이념뿐이었고 현실의 세계에서 그것이 처리할 수 없는 문제가 산적해 있었다. 따라서 뭔가 더 구체적인 구상, 국제정치의 질서를 만들려는 노력이 이루어지는 것은 당연한 것이며 어쩌면 불가피한 측면을 지니게 된다. 入江昭, 앞의 책, pp.104-105 참조.

99) 遠山茂樹, 今井清一, 藤原彰, 『昭和史』(東京: 岩波書店, 1959), pp.59-62

100) 遠山茂樹, 今井清一, 藤原彰, 앞의 책, pp.62-66; 이러한 농촌의 궁핍이 쇼와유신의 직접적인 배경이 되었다는 사실로 인해 일본의 국가개조론자들의 사상은 농본주의적 사상과 친화력을 가질 수밖에 없었다. 하지만 상식적으로 생각할 때, 다치바나 고사부로(橘孝三郎, 1893-1974) 곤도 세이케이(近藤成卿, 1868-1939)와 같은 농본주의적 자연주의적 사상이 국가개조론으로 연결된 것은 대단히 모순적으로 보이며 따라서 다분히 낭만적으로 보이는 것이 사실일 것이다. 그러나 당시 일본 자본

하라 외상은 1930년의 런던군축회의에서 미국과의 우호관계를 유지하고 양국 간 경제관계를 더욱 긴밀히 한다는 의도에서 해군력의 감축을 약속하는 군비축소조약에 조인하였다.

1차 대전 이후 군부와 정치권 간의 긴장과 갈등은 일본 정부가 국제협조주의 및 경제외교의 관점에서 상대적으로 소극적인 국방외교를 전개하고 세 차례에 걸친 군축을 단행하면서 더욱 심화되었다는 사실에 대해서는 앞에서 이미 언급한 바 있다. 정부와 군부의 불협화음이 높아가는 정치적 상황에서 정부가 국제협조주의와 경제외교라는 이름하에 군비축소조약이 조인하자, 군부 내의 불만은 최고조에 달하게 되었으며 육군에서는 사쿠라회(櫻會), 해군에서는 '성양회(星洋會)' 등의 비밀결사 조직이 형태를 드러내었다. 당시 청년 장교들을 중심으로 하는 혁신 군부세력이 공유하던 위기의식의 정체와 국가개조의 방향을 잘 드러내 보여주는 어느 해군 청년 장교의 격문을 소개하면 다음과 같다.

> 일본 국민의 일어남을 촉구함(日本國民に檄す): 일본 국민이여! 오늘의 조국 일본을 직시해보자. 정치·외교·경제·사상·군사 등 그 어느 곳에 황국 일본의 모습이 있는가? 정권과 당리에 눈이 먼 정당, 정당과 결탁하여 민중의 고혈을 짜내는 재벌, 또 이것을 옹호하여 압제를 더하고 있는

주의의 발전이 시종 농업부문의 희생으로 이루어졌으며 아울러 국가권력과 결탁한 특혜자본을 주축으로 진행되었다는 절실한 당시의 사회적 현실을 직시한다면, 메이지 이후 특히 러일전쟁 이후 급격하게 이루어지는 중앙의 발전과는 달리 내 팽개쳐진 지방의 이해관계를 대표한 농본사상이 국가개조론으로 나가게 되는 논리적 연관구조의 절실함을 이해할 수 있을 것이다. 丸山眞男, 「日本파시즘의 思想과 運動」『日本現代史의 構造』(한길사, 1980), pp.282-294

관헌, 연약한 외교와 타락한 교육, 부패한 군부, 악화되고 있는 사상, 도탄 속에서 고통을 겪고 있는 농민과 노동자 계급, 그리고 불만을 억누르고 있는 무리들……. 일본은 지금 이와 같은 모든 것이 서로 섞여 엉클어져 타락의 늪에서 죽어가고 있다. 혁신의 시기! 지금 일어나지 못하면 일본은 멸망하고 말 것이다. 국민이여! 무기를 들고 일어나자. 지금 이 나라를 구제할 수 있는 유일한 길은 '직접행동' 외에는 아무 것도 없다. 천황의 이름으로(天皇の御命に於て) 천황 주변의 간신을 찢어죽이자! 국민의 적인 기성정당과 재벌을 죽이자! 말할 수 없이 횡포스러운 관헌을 응징하자! 간악한 도둑, 특권계급을 말살하자! 농민들이여, 노동자여, 전국민이여, 조국을 수호하자! 그러므로 폐하의 밝은 지혜 아래 건국의 정신(建國の精神)으로 되돌아가 국민자치의 정신에 입각하여 인재를 등용함으로써 밝은 유신 일본을 건설하자. 민중이여! 이 건설을 위하여 먼저 파괴다! 현존하고 있는 추악한 제도를 모두 때려 부수자! 위대한 건설 앞에는 철저한 파괴가 필요하다. 우리는 일본의 현상을 통곡하며 맨손으로 앞장서 우리 모두 함께 쇼와유신의 횃불을 지피려는 것이다.[101]

민간 국가개조론자들과 혁신계 군인이 연합하여 직접적인 정치적 행동을 취한 사건은 1931년의 3월에서부터 시작된다. 이 사건은 오카와와 사쿠라회가 연합한 것으로 우선 오카와가 내각을 규탄하는 대대적인 시위를 감행하여 사회를 혼란시키면, 군부는 대중의 시위를 진압하고 의회를 보호한다는 구실로 군대를 동원하여 내각과 의회를 장악한 다음, 정당정치인을 사퇴시키고 우가키 가즈시게(宇桓一成, 1868－1956)를 중심으로 새로운 군부 내각을 구성한다는 시나리오를 가지고 추진되다 군 내부의 분열과 우가키의 불분명한 태도 등으로 인하여

---

101) 今井淸一, 高橋正衛 編, 『現代史資料 4: 國家主義運動 1』(東京; みすず書房, 1982년판), p.494

실패한 사건이었다. 그런데 이 사건은 좌절했음에도 불구하고 그 처리 과정에서 처벌받은 사람이 아무도 나타나지 않았다는 점에서 우선 중요한 의미를 지닌다. 군 당국이 그들의 의도가 애국심에서 우러난 순수한 것이며 군의 위신 실추를 두려워하여 처벌하지 않음으로써, 국가개조의 동기를 가지고 군의 이름으로 실행되는 3월 사건과 같은 음모가 다시 발생하더라도 묵인될 수 있다는 선례를 남긴 것이다. 또한 군 내부에 분열이 표면화되어 급진적이고 실천지향적인 '황도파' 와 합법적인 방식에 의한 군사정권의 수립을 주장하는 실용주의적 성격을 지닌 통제파와 같은 파벌이 형성되는 계기가 되었다.102) 사쿠라 회는 다시 같은 해 10월에 아라키 사다오(荒木貞夫, 1877-1966)를 수반으로 하는 군사정부를 수립하려다 실패한다.

1931년 9월에 일어난 만주사변은 정당 내각이 군부의 행동을 통제할 수 없다는 사실을 구체적으로 입증함으로써 입헌정부의 권위를 크게 손상시켰다. 더욱이 이 사건은 시데하라(幣原)로 대표되는 평화외교, 경제 중심의 외교 이념이 "결국 바보같은 꿈에 불과"한 것103)으로

---

102) 황도파는 청년 장교를 중심으로 하고 있었으며 일본이 국가적 사명을 수행하는 데 필요한 강력한 국력을 갖기 위해서는 사회를 재편성하여 재벌·정당·관료 등의 세력을 제거해야 한다고 주장한 반면, 통제파는 군대가 정치상 주요한 역할을 담당해야 한다는 점에서는 동의하면서도 비상수단에 의한 사회변혁에는 반대하는 입장을 취했다. 그러나 두 파는 대외적으로는 국가의 통일과 팽창주의적 자립의 유지, 대내적으로는 억압받는 이들을 위한 사회정의의 실현이라는 메이지유신의 정신이 입헌정치 아래에서 결코 완수되지 않았다는 점에서는 의견을 함께 하고 있었다. Tetsuo Najita, 앞의 책, p.166
103) 1931년 1월에 과학적 만몽론(滿蒙論)을 대표하는 만철(滿鐵) 조사과장 사타 고지로(佐多弘治郎)는 「과학적으로 만몽 대책을 본다」는 강연에서 "평화사상은 결국 바보같은 꿈에 불과

간주한 관동군이 몽상적으로 보이는 정책을 버리고 '현실'로 보이는 방책을 추진한 것이라 할 수 있다. 이시하라 간지(石原莞爾, 1886-1949)를 비롯한 관동군 참모의 생각으로는 세계가 '인류 최후의 대전쟁'을 향해 움직이고 있는 것이야말로 국제정치의 현실이었기 때문이다.104) 만주사변은 당시 일본 국민의 대내적 불만을 대외적인 애국적 열정으로 몰입시키는 기점이 되었고, 일본 외교의 방향을 군사문제 위주로 다시 복귀시키는 역할을 하였다. 결국 일본은 1932년 9월에는 만주의 황제로 청나라의 푸이(溥儀, 1906-1967)를 내세워 만주국이라는 괴뢰정부를 만들어 만주를 중국 본토에서 분리시켰고, 구미국가들이 이에 대해 격렬히 비난하고 나서자 1933년 3월 국제연맹 탈퇴, 1934년 12월 워싱턴 및 런던 양 조약의 파기와 같은 파국적인 상황으로 몰아가면서 기왕의 구미국가와의 협력체제에 종지부를 찍게 되었다.

만주에서 군부가 독자적인 행동을 취하는 사이에 국내에서는 1932년 2월에 들어 '일인일살주의(一人一殺主義)'를 표방한 혈맹단에 의한 암살이 이어졌으며, 5월 15일에는 해군의 청년 장교와 농본주의자 다치바나 고사부로(橘孝三郎)의 애향숙(愛鄕塾)이 연합하여 수상관저, 일본은행, 미쓰비시은행, 정우회 본부, 경시청, 발전소 등을 공격하고 이누카이 쓰요시(犬養毅, 1855-1932) 수상을 살해하는 이른바 5·15쿠

하며 국가의 천혜는 각국이 차이가 있는 상태이므로, 자원의 혜택이 없는 일본으로서는 동사성(東四省)에 경제활동의 절대 자유를 확보할 필요가 있다. 토지가 좁고 인구가 계속 증가하는 일본이 존속할 수 있는 유일한 길은 초강대국을 건설하는 것이며, 이를 위해서는 영토를 확보하든지 적어도 이것과 같은 가치의 것을 얻어야 한다"는 요지의 주장을 한 바 있다. 入江昭, 앞의 책, p.102

104) 入江昭, 앞의 책, pp.107-109

데타 사건을 일으켰으나 결국 실패로 돌아갔다. 그러나 이 사건의 관련자는 대개가 가벼운 처벌을 받는데 그쳤고, 또한 이 사건의 관련자는 국민들에게 용감한 애국자로 추앙받고 각 신문 및 여론이 정당내각 절대반대로 기울도록 함으로써 사이토 마고토(齊藤實, 1858-1936) 해군대장을 수상으로 하는 내각이 구성되어 다이쇼 이후 계속되던 정당내각은 실질적으로 종말을 고하게 되었다.

한편 군부 내에서는 황도파와 통제파의 대립이 격화되고 있었다.105) 이러한 와중에서 1936년 2월 26일 청년 장교 세력과 기타 잇키, 니시다 미쓰기(西田稅, 1901-1937) 등은 수상관저, 경시청 등을 습격하여 사이토 마고토와 와타나베 조타로(渡邊錠太郎, 1874-1936) 등을 살해하고 수상관저, 육군성, 참모본부, 국회의사당 등을 점령하고

105) 통제파는 급진적인 황도파 세력을 약화시키는 수단으로 황도파 지도자 마사키 진자부로(眞崎甚三郎, 1876-1956) 대장을 교육총감에서 해임시키고 대신 와타나베 조타로 대장을 임명하였는데 이에 불만을 품은 아이자와 사브로(相澤三郎, 1889-1936) 중좌가 군무국장 나가타 데쓰잔(永田鐵山) 소장을 암살하였다. 아이자와 재판이 진행되는 동안 이에 대한 사회적 분위기는 대단히 우호적으로 나타나게 되었고, 따라서 청년 장교 세력은 재판과정을 통하여 공개된 특권계급의 부패에 대한 국민의 혐오감을 확인하게 되었다. 이러한 상황에서 당시 군의 실권을 장악하고 있던 통제파는 황도파의 세력의 온상인 동경 제1사단의 만주 이동 명령을 내려 국내적 불안을 제거하려 하였는데 여기서 오는 청년 장교들의 위기감이 2·26사건의 직접적인 도화선이 되었다. 한상일, 앞의 책, pp.346-351; 앞에서 일본 군부의 위기감의 정체는 일본 군부에 깊이 뿌리박고 있는 파벌 간의 미묘한 갈등관계를 고려하지 않으면 제대로 이해할 수 없다고 한 것은 2·26사건이 일어난 경위에서 보다 분명히 확인할 수 있다. 이처럼 이들 간의 갈등은 국가개조의 사상을 품은 청년 장교들에 의해 주도된 쇼와유신의 현실적 긴장관계의 원인을 제공했던 것이다.

가와시마 요시유키(川島義之) 육군상을 통하여 국가개조의 단행을 요구하는 쿠데타를 감행했으나 무력으로 진압되고 말았다. 반란 진압 후 군 내부의 숙청과 군기의 재확립이 엄격하게 이루어졌으며 쿠데타를 주도한 세력에 대한 처형이 신속히 추진되었고, 또한 반란에 동정한 군 내부의 세력이 색출되었다. 하지만 황도파가 주도한 2·26쿠데타는 철저히 진압되어 군사정부를 요구했던 청년 장교와 민간 국가개조론자들은 희생되었지만, 이 사건을 군의 상층부에 있는 반황도파 연합세력이 모두 전담하여 진압, 수사하는 과정을 통하여 실질적으로 군부가 정치적 실권을 완전히 장악하는 역설적 상황이 연출되게 된다.106) 이렇게 하여 2·26사건은 권력기구의 개편과 함께 국가개조가 전국가적으로 추진되는 정치적 국면을 낳게 된 것이다. 즉 종전까지는 권력의 중추부인 입헌정부가 사이온지를 비롯한 자유주의적, 초당파적 성격을 띤 보수파의 지배하에 있어, 혁신적인 내용을 담은 국가개조주의는 아직 권력 외부에 놓여 있었을 수밖에 없었던 것이 2·26사건을 계기로 정부권력의 주도하에 체계적으로 추진될 수 있게 되어 일본사회에 대한 구심력(求心力)이자 대외적인 원심력(遠心力)으로서의 역할을 할 수 있도록 현실정치적 틀을 마련하게 된 것이다.

　　이러한 권력관계의 변화는 1931년 3월 사건 이래 청년 장교와

---

106) 여기서 '반황도파연합'이라한 것은 군부 내의 파벌관계가 황도파와 통제파 외에는 존재하지 않는다는 인상을 주지 않기 위해서다. 이렇게 새로 육군 수뇌부를 형성한 세력은 군의 내부에서는 숙군(肅軍)을 철저히 단행하여 급진 개조론자들을 탄압하는 동시에 군의 외부에 대해서는 이들의 위협을 빌미삼아 정치적 실권을 장악하였던 것이다. 丸山眞男, 「日本파시즘의 思想과 運動」『日本現代史의 構造』(한길사, 1980), pp.308-309

민간인 사상가들이 중심이 되어 쇼와유신을 추진하여 1936년의 2·26에 이르는 기간 동안 대개 '군부 대 입헌정부', '통제파 대 황도파'와 같은 국내정치의 긴장관계가 지양해 나가야 할 주요한 모순의 축이었다면, 2·26사건이라는 지점(point)을 통과하면서 그 주요 모순관계의 성격이 양질전화(量質轉化)하면서 '일본 대 아시아' 혹은 '일본 대 서양'과 같은 국제적인 갈등, 긴장관계가 지양해야 할 주요한 모순관계로 변화하였음을 의미하는 것이다. 따라서 국내적으로는 권력기구의 개편, 정부 주도하의 국체운동의 전개가 이루어지는 가운데 대외적으로는 현상타파적인 '반서구 범아시아주의적 국가주의'가 나타나게 되었다.

쇼와유신운동을 주도한 국가개조론자들은 도쿠가와 후기에 나타난 것과 마찬가지로 이상주의적 역사관과 정치와 국가전략에 관한 실용주의적 인식을 동시에 가지고 있었다. 이들은 대개 모두 로맨티스트였으며 힘의 숭배자였다는 점에서 공통된다. 쇼와유신운동은 보다 본질적으로 이상주의적 또 공리주의적 정치관에 근거한 일련의 급진적 비판이었다는 점에서 일본의 메이지유신이라는 전통의 연장선상에 서있음을 부인하기 어렵다. 물론 쇼와유신운동은 메이지유신처럼 확실하게 권력을 장악하지는 못하였다. 그럼에도 불구하고 이 운동은 입헌정치의 판을 깨고 정치지도자들의 자신감에 혹독한 시련을 안겨 주었다. 쇼와유신운동을 추진해간 이 급진적 국가개조론자들은 다른 반체제 지식인들처럼 쉽게 다루기 어려운 측면을 가지고 있었다.[107) 그것은

107) 1932년의 경찰연구회의 간행물에 의하면 '위험사상'이란 공산주의자, 무정부주의자, 그리고 기타 어떠한 것이든 국체를 공격하는 인물이 가지는 사상이라고 되어있다. 警察研究會, 『社會運動に直面して』, pp.77-78, 83; Richard H. Mitchell, 앞의 책, p.138; 마루야마는 군부와 우익의 운동이 이러한 '국체'

의식에 있어서 이들 국가개조론자들 만큼 일본의 국체에 대해 흠잡을데 없는 신앙을 가진 세력이 없었다[108])는 명분상의 측면과 함께, 물리적인 힘을 장악하고 있던 고위 군인들 또한 이들의 불만을 많은 부분에서 공유하고 있었다는 현실의 권력적 측면도 있는 것이다.

2·26사건이 '권력의 소재'의 전환이라는 현실정치적 차원에서 쇼와유신운동의 정점을 이룬 것이라면 일본인들의 의식의 전환 곧 사상적 차원의 유신운동의 정점을 이룬 사건은 이른바 '국체명징운동

사상을 문자 그대로 가치 판단의 기준으로 삼게 됨으로써 극소수의 공산주의자 이외의 모든 세력, 모든 계층은 이에 대해 정면에서 대드는 정통성의 근거를 빼앗기게 되었다고 지적한 바 있다. 丸山眞男, 앞의 논문, p.281

108) 1934년 2월 치안유지법 개정 법안이 중의원에 제출되었을 때, 어느 의원이 "왜 정부는 좌익과 마찬가지로 우익의 광포한 활동의 단속에는 관심을 갖지 않은가"를 물었다. 또 다른 의원은 "초국가주의자는 애국주의와 국체의 배후에 숨어서 일본의 정치·경제체제를 파괴하고자 하며, 그들의 활동은 참으로 공산주의자의 활동과 그렇게도 다른 것인가?"하고 물었다. 이에 대해 정부 측 답변은 다음과 같은 요지를 담고 있었다. "우익은 위험하여 시찰조사의 대상이며 검거당하기도 하나, 국체를 지지하고 있으므로 좌익보다는 훨씬 덜 위험하다. 또 우익의 데모전략은 일시적 현상에 지나지 않는다." 內務省警保局, 『第65回帝國議會 治安維持法改正法律案』, pp.18-22, 29-31, 146, 147, Richard H. Mitchell, 앞의 책, pp.153-154에서 재인용; 이외에도 국가개조론자들의 국체에 대한 충성심은 얼마든지 있는데 예컨대 2·26쿠데타에 직접 가담한 이소베 아사이치(磯部淺一, 1905-1937)가 "기타 잇키와 니시다 미쓰기는 다이쇼-쇼와의 사상적 혼란시대에 국체옹호를 위하여 헌신적인 노력을 기울인 사람들"이며 "좌익이론이 고조되고 있을 무렵, 애국심과 국체이론으로 일본주의 사상계에 신념과 이론을 제공해준 것은 『대강』 밖에는 없다"고 평가하고 있는 데서도 분명히 엿볼 수 있다. 磯部淺一, 「獄中日記」, 河野司 編, 『二二六事件: 獄中手記叢書』(東京: 河出書房新書, 1972), 한상일, 앞의 책, p.365에서 재인용.

(國体明徵運動)'이었다. 국체명징운동이란 2·26사건으로부터 한 해를 거슬러 올라가 1935년 일본열도 전역을 달아오르게 했던, 미노베 다쓰키치의 천황기관설을 배격하면서 전개된 일련의 운동을 말한다. 하지만 국체명징운동의 전국적 반향을 이해하려면 우선 다이쇼 데모크라시를 주도했던 진보적인 지식인들의 동향에 대해 짚고 넘어갈 필요가 있다. 그들은 당시 어디서 무엇을 하고 있었는가?

앞에서 언급한 대로 일본 정부는 20년대 후반부터 이른바 사상 개조 작업에 착수하면서 전향(轉向, conversion)[109]이라는 방식을 적극적으로 수용하는 정책으로 전환하였다. 이러한 정책을 담당한 검찰당국은 기왕의 검거, 처벌이라는 방법과 전향이라는 적극적 방식을 함께 채택하였는데,[110] 이러한 전향이 대세를 이루게 된 것은 당시 일본 공산주의운동의 지도자였던 사노 마나부(佐野學, 1892-1953)와 나베야마 사다치카(鍋山貞親, 1901-1979)의 전향성명이 있었던 1933년 5월 말 이후라고 해야 할 것이다. 이들은 이른바 '5월 성명'을 통하여, 지금까지 주장해오던 천황제 폐지, 식민지화된 제 민족을 포함하는

109) 쓰루미 슌스케는 전향을 '권력에 의해 강제되어 일어난 사상의 변화'라고 정의한다. 그는 특히 국가권력에 의한 강제력의 발동과 관련하여 두 가지 측면으로 구분하여 설명하는데 그 한 가지 측면이 노골적인 강제적 폭력을 의미한다면, 또 다른 측면은 이권의 부여라든가 언론에 의한 선전과 같은 간접적인 강제를 포함하는 것으로 간주한다. 鶴見俊輔, 앞의 책, p.23
110) 1931년 3월 27일 「사법차관 통첩 제 270호」에 의해 전향은 치안유지법 위반 사건 취급 방법으로서 정식으로 인정된다. 이로써 검사에게는 피고인의 태도 여하에 의해 기소를 유보할 권리가 부여되었다. 長部謹吾, 「思想犯の保護に就て」『司法研究』21輯 10號(1937년 3월), pp.53-56; Richard H. Mitchell, 앞의 책, p.138에서 재인용.

모든 민족의 자치권의 필요성, 만주사변에 대한 일본 정부의 정책에 대한 반대 입장을 철회한다는 내용과 함께 소비에트 러시아의 올가미에 서 스스로를 해방시키고 '천황'과 천황으로 대표되는 '문화적 가치'를 깨달아 천황의 지도하에 활동하는 일국사회주의를 발전시킬 계획이라 는 요지의 성명서를 발표하였던 것이다.[111] 이들의 전향은 국익우선주 의와 현실주의로의 전환이라는 '세계의 대세'와, 국내 개조론자들에 의해 주도된 일본주의의 고양이라는 '객관적 정세'의 악화에 직면한 자괴감에서 비롯된 것이었으며, 이후 전향은 일본의 진보적 세력들에게 파문—일종의 도미노 효과(domino effect)—을 일으키면서 일본 사상계 의 시대적 대세를 이루어가게 된다.[112]

미노베의 천황기관설 배격운동이 구체적으로 시작된 것은 1935년 1월 말 국체옹호연합회(國体擁護聯合會)라는 이름으로 된 미노베를 비판하는 장문의 성명서가 원로, 중신, 군인, 재향군인, 교육자, 국가주 의 단체와 같은 일본의 각계에 전달되면서 부터였다.[113] 이 성명서의 반향은 우익단체를 기점으로 하여 제국의회(Diet), 군부 및 정부 등으로

111) Richard H. Mitchell, 앞의 책, pp.135-137
112) 일본 정부의 전향정책이 이처럼 성공적인 성과를 거두게 된 것은 투옥, 고문, 형벌과 같은 감시와 처벌에 대한 두려움에서 비롯된 것임은 두말할 필요가 없다. 그러나 이러한 전향의 강제 가 근대 일본의 견고한 가족제도와 가족공동체의 연장으로서의 일본국이라는 미묘한 정서를 이용하지 않았다면, 그리고 개인의 선택과 결단이라는 자발성의 형식을 빌지 않았다면 그토록 성공 할 수는 없었을 것이라는 데 대부분의 학자들은 동의한다. 이에 대해서는 Richard H. Mitchell, 앞의 책, pp.179-185; 차기벽, 「일본의 진보주의, 그 역사적 성격과 전개」『오늘의 일본을 해부한다』(한길사, 1986), pp.113-116; 石田雄, 「이데올로기로 서의 天皇制」, 『日本現代史의 構造』(한길사, 1980), p.121
113) 한상일, 앞의 책, pp.324-325

확산되어 갔다. 자신의 학설에 가해진 일련의 공격에 대해 미노베는 2월 25일 귀족원에서 이른바 '일신상의 변명(一身上の辨明)'이라는 제목의 연설을 하게 되는데,114) 오히려 그의 연설은 우익단체와 군부를 자극하게 되어 정치적 문제로 파문은 더욱 확장되어 나타났다.115) 왜냐하면 우익세력들의 입장에서 보면 천황기관설이 귀족원에서 주장됨으로써 언론기관을 통하여 일반 신민에게 공개되는 결과를 빚어냈다는 것이다.116) 미노베의 연설을 계기로 일본의 우익단체들이 전국에서 벌떼처럼 일어서 기관설 배격운동에 참여하였고,117) 개별적인 운동을 보다 강력한 국민적 운동으로 전개하기 위해서 3월 8일에는 기관설 박멸동맹(機關說撲滅同盟)을 조직하기도 했다. 이들에 의해 채택된 선언문은 다음과 같이 되어 있다.

위로 만세일계의 천황을 받들어, 만민이 그의 다스림을 앙망(仰望)하여

114) 미노베의 연설문은 今井清一, 高橋正衛 編, 앞의 책, pp.361-368에 전문이 수록됨; 그의 연설은 박수가 허락되지 않는 귀족원에서 박수가 터져 나오게 할 만큼 좌중을 압도하는 명연설이었고, 신문으로부터도 박사의 학자적 양심의 발현이라고 격찬을 받았다. 今井清一, 高橋正衛 編, 앞의 책, p.368.
115) 今井清一, 高橋正衛 編, 앞의 책, p.372
116) 이러한 우익들의 판단이 나오게 된 배경을 이해하기 위해서는 대다수의 국민은, 앞에서 언급한 바 있듯이, 소학교와 중학교육, 군대교육 등을 통하여 절대 권위로서의 천황이라는 이미지(像)를 주입받았으므로, 20여 년 이상 천황기관설이 정설로 인정되고 있었다고 하지만, 이것은 어디까지나 대학 이상의 지식인 계급에 국한된 것이었다는 사실에 유념할 필요가 있다.
117) 당시 여기에 참여한 우익단체는 국체옹호연합회, 국민협회 등을 포함하여 약 150여개에 달한 것으로 알려지고 있다. 여기에 참가한 단체에 대해서는 今井清一, 高橋正衛 編, 앞의 책, pp.372-374

영원무궁하게 하는 것이 우리 국체의 본의(國体の本義)이다. 천황기관설은 서양의 민주사상으로써 우리 신성한 흠정헌법을 곡해하며 국체의 본의를 교란하는 것으로 불순하여 절대 용서할 수 없다. 이러한 사악한 학설(邪說)을 바로잡지 않고 어떻게 국민정신을 진흥할 것인가? 우리는 이에 국체의 본의를 분명히 밝혀(明徵) 모두가 한마음으로 서약하여 이 흉악한 학설의 박멸을 기약한다.

3월 23일에는 당시 야당이며 절대 다수 의석을 차지하고 있던 정우회에 의해 다음과 같은 '국체명징에 관한 결의'가 상정되어 채택되었다.

국체의 본의를 분명히 밝히고 인심의 귀추를 하나로 하는 것이 지금 가장 중요한 일이다. 정부는 숭고하기 그지없는 우리 국체와 배타되는 논의와 학설에 대하여 즉시 단호한 조치를 취해야 한다.[118]

이로써 정당정치의 이론적 근거를 제공해 준 천황기관설은 역설적으로 정당의 주도하에 정치적으로 부인되는 상황에 이르렀다. 결국 정당은 '의회정치를 스스로 장사' 지내게 되었던 것이다.[119] 또한 육군은 「대일본제국 헌법의 해석에 관한 견해」라는 책자를 발행하여 군부의 기관설 비판과 배격의 이유를 설명하였으며, 관동군에서도 국체명징에 관한 훈시가 별도로 내려졌다.[120] 이렇게 천황기관설에 대한 문제 제기를 둘러싸고 진행된 국체명징운동은 4월 초 내무성에

118) 今井淸一, 高橋正衛 編, 앞의 책, p.369
119) 遠山茂樹, 今井淸一, 藤原彰, 앞의 책, p.118
120) 今井淸一, 高橋正衛 編, 앞의 책, p.388

의해 미노베의 저서가 판매금지를 당하면서 일단락되는 듯했다.121) 하지만 애초부터 이 운동의 중추적 역할을 담당했던 국체옹호연합회는 이 운동의 향후 방향에 대해서 밝힌 팜플렛을 작성하여 배포하였고 이로서 국체명징운동은 제2 단계로 발전하게 되었다.122) 이 팜플렛은 기관설 문제의 중요성은 한 학자의 어리석은 주장에 있는 것이 아니고 그 같은 서양사상에 감염된 '시대사조(時代思潮)'를 일신하는 문제와 이러한 자유주의와 국제주의라는 소극적 현상유지세력에 대한 투쟁을 통해 '구지배계급을 타파함'으로써 제2의 쇼와유신운동을 전개시켜야 한다는 국체명징운동의 방향을 제시하였다.123)

처음에는 기관설 문제에 대해 소극적으로 대응하던 정부는 우익단체, 의회 및 정당, 군부 등에서 국체명징운동이 격렬하게 진행되자 결국 압력에 굴복하여 국체명징의 성명을 두 차례나 발표하게 된다. 정부가 10월 15일 발표한 제2차 성명의 내용은 다음과 같은 중요한 내용을 담고 있어 특별히 주목된다.

이미 정부는 국체의 본의에 관하여 소신을 피력하여 이를 국민에 분명히 하여 더욱 더 국체의 정화(精華)를 발양한 것을 기약한 바 있다. 무엇보다 우리나라에서 통치권의 주체가 천황이라는 것은 우리 국체의 본의로서 제국신민의 절대 변하지 않는 신념이다. 제국헌법의 각 조항의 정신 또한 여기에 있음을 알 수 있다. 그럼에도 불구하고 외국의 사례나 학설을

---

121) 今井淸一, 高橋正衛 編, 앞의 책, pp.388-390
122) 팜플렛『이른바 기관설 문제는 쇼와유신 제2기 전투의 전개라는 신이 주신 기회』는 1만 부가 배포하여 운동의 나아가야 할 방향을 제시했다는 점에서 중요하다. 今井淸一, 高橋正衛 編, 앞의 책, p.390
123) 今井淸一, 高橋正衛 編, 앞의 책, pp.390-395

받아들여 이를 우리의 국체에 비교하여 이를 우리의 국체에 비교하여 통치권의 주체가 천황이 아니라 국가이며, 천황은 기관이라는 소위 천황기관설은 신성한 우리의 국체를 모독하고 그 본의에 위배되는 것으로 마땅히 제거되어야 할 것이다. 정치, 교육 및 모든 사항은 어떤 나라와도 비할 수 없는 국체의 본의를 기반으로 하여 그 진수를 현양(顯揚)할 것을 필요로 한다. 정부는 이러한 신념에서 국체의 관념을 더욱 명징하기 위하여 모든 힘을 기울일 것을 기약하는 바이다.[124]

정부는 이와 같은 성명을 발표함과 동시에 국체명징의 구체적 실행방안으로서 문부성내에 '교육쇄신평의회(敎育刷新評議會)'를 신설하였다. 평의회는 그 취지로서 진실로 국가의 기초가 되는 국민을 단련할 만한 독자의 학문과 교육의 발전을 도모하기 위하여 다년간 수입한 서양의 사상, 문화의 악습이 있는 곳을 제거하고 일본문화의 발전에 힘쓰는 것이 오늘의 시급한 의무이므로, 국체 관념과 일본정신을 근본으로 하여 학문과 교육쇄신의 방법을 강구하고 확대하여 일본 본래의 바른 길을 천명하고 외래문화 섭취의 정신을 분명히 제거하여 교육상 필요한 방침과 중요한 사항을 결정함으로써 일본의 학문과 교육쇄신의 길을 밝혀 그 발전진흥을 도모하는 것이라고 밝혔다.[125] 쇼와의 존황양이(尊皇攘夷)운동'[126]이자 '합법무혈 쿠데타'[127]로서

124) 今井淸一, 高橋正衛 編, 앞의 책, pp.420-421
125) 今井淸一, 高橋正衛 編, 앞의 책, pp.422-423
126) 今井淸一, 高橋正衛 編, 앞의 책, p.148
127) '합법무혈 쿠데타'라는 표현은 사법성 형사국이 1939년 집필한 연구자료인 "이른바 천황기관설을 계기로 한 국체명징운동(所謂 '天皇機關說'を契機とする國體明徵運動)"에 나온다. 한상일, 앞의 책, p.319에서 재인용

쇼와유신운동의 사상적 정점(頂点)이었던 국체명징운동은 이러한 정부의 제2차 성명과 이에 따른 일련의 조치를 계기로 하여 그 대단원의 막을 내리게 된다.

이렇게 하여 마침내 일본 국민의 정신무장을 위하여 일본의 국체에 관한 정부의 공식적 견해를 밝힌 「국체의 본의(國体の本義)」—이하에서는 『본의』로 약칭—가 1937년 3월 문부성에 의해 발간되어 배포되었다.128) 『본의』는 우선 「서론」에서 일본에 수입된 서양의 이데올로기들이 합리주의와 실증주의에 근거한 계몽주의의 산물이며 개인의 자유와 평등에 최고의 가치를 부여하는 '개인주의'에 그 기원을 둔다고 전제하고 지금 서양과 일본이 겪고 있는 이데올로기적, 사회적 혼란과 위기 상황이 개인주의에서 빚어진 산물임을 주장한다. 따라서 일본 민족을 위해서 뿐만 아니라, 모든 인류를 위해서 서양의 이데올로기에 대한 천착과 아울러 일본 국체의 본의를 이해해야 한다고 말머리를 열고 있다. 『본의』에 의하면 화(和)의 정신에 근거한 일본과 개인주의의 원리에 기초한 서양과는 근본적인 차이가 존재한다. 『본의』에 따르면 '서양'은 개인주의적이며, 분석적·지성적인 가치를 지향하고 인위적인 주종관계에 입각해 있으며, 개인 간 경쟁이나 계급 간의 투쟁을 통하여 궁극적으로는 개인의 완성을 지향하는 반면 '일본'은 매사가 조화 위주고, 직관적·미학적인 가치를 지향하며, 상하 대립을 초월하는 자연적인 일체관계, 사회적 화합을 중요시하여, 궁극적으로는 천황을 중심

---

128) 「본의」는 「서론」 「충과 애국」 「효」 「충과 효의 일치」 「조화」 「상무정신」 「자아의 소멸과 동화」 「무사도」 「결론」 「우리의 사명」 이라는 10개의 단락으로 되어 있는데, 각 단락마다 주제에 따른 간단하게 압축된 설명이 부가되어 있다.

으로 하는 국가로서의 일체됨을 지향한다. 또한 동양의 다른 나라와도 분명한 차별성이 존재하는데 이를테면 중국이나 인도에서도 충·효를 소중히 여기지만, 일본에서 충과 효가 일치되는 것과는 달리 이들의 충과 효는 별개의 것으로 존재할 뿐이며, 일본이 그들의 문화를 수입하는 과정에서도 이를 독창적으로 수용하여 독특하고 훌륭한 자신의 문화를 만들었다는 것이다.

이처럼 세계적으로 유래를 찾아볼 수 없는 일본의 독특한 국체를, 『본의』에 따라 재구성 해보면, 일본의 국체는 '신성한 기원을 지닌 만세일계의 천황제를 모태로 하는 가족국가'이기 때문에 충과 효는 완전히 일치하는 가치체계일 뿐 아니라, 이러한 특징을 지닌 일본 역사의 전통에는 진정한 의미의 '조화'의 정신이 면면히 흐르고 있어 일본의 '상무정신(尙武精神)'하에서는 평화와 창조의 정신이 깃들어 있다는 것, 이러한 의미의 연장선에서 '전쟁'도 파괴와 지배를 위해서가 아닌 대화(大和)와 평화, 창조를 위한 것이 되며, 이 안에서 사는 개인은 순수하고 사심 없는 마음으로 자신의 사사로움을 없애 근본적이고 참된 대아(大我)를 위해 스스로를 소멸시킬 수 있어야 한다는 헌신의 정신으로 요약할 수 있다. 따라서 국체를 분명히 하여 이를 바탕으로 서양의 문화를 채택하고 승화시켜 세계 문화 발전에 기여해야 한다는 것이 『본의』의 결론이었다.

『본의』의 선포를 통해 일본에서 국가주의 교육이 공식화된 것은 물론, 학계의 전반적인 분위기도 서양의 자유주의적 개인주의적 학설에서 벗어나 모든 논리를 일본주의적 관점에서 해석하려 했는가 하면 심지어 서양에서 유래한 종교마저 일본화하려는 종교운동이 일어나게 되었다.129) 이미 일본은 "개인이 스스로의 양심을 지키고 고독한 저항을 시도하려는 사람은 살기 어렵게 되어 가고 있었던 것이다."130)

6. '신민의 길': '근대의 초극'

국체명징운동, 2·26사건 등으로 체제 안에 흡수된 쇼와유신운동의 혁명적 감성은 정부의 주도하에 팽창주의적 '아시아 해방의 꿈'으로 흘러갔다. 1937년 7월 일본이 도발하여 발생한 중일전쟁은 이러한 변화의 구체적 표현이었다. 중일전쟁 발생 직전 성립한 고노에 후미마로(近衛文麿, 1891-1945)내각은 9월에 들어서자 국가의 총력을 다진다는 기치하에 '국민정신 총동원운동(國民精神總動員運動)'에 착수하였으며, 1939년 4월에는 신방침(新方針)을 채택, 일본은 동아신질서(東亞新秩序)를 건설할 역사적 사명을 띠고 있으며 이를 방해하려는 세력은 배제하겠다는 불퇴전의 결의를 국민들에게 촉구하고 나섰다.

1939년 9월 2차 세계대전이 발발하여 1941년 12월 태평양전쟁이

129) 今井淸一, 高橋正衛 編, 앞의 책, pp.441-450
130) 1930년대 일본의 상황을 이처럼 평가한 젠슨 교수는 당시 일본의 대학에서 강사로 근무한 바 있는 피터 퀘넬의 인상적인 말을 인용하고 있다. "근대 일본은 관료들의 천국이다. 관립학교와 대학의 선생들은 누구나 자기를 관리라고 생각한다. [……] 내 친구는 어느 대학 교수를 이렇게 설명했다. 그 교수는 일종의 경관이지, 자네는 그 사실을 절대 잊어서는 안돼. 그는 영문학을 읽고 제 주제를 익혔지만, 그것은 경관이 경찰수첩의 내용을 익히는 것과 마찬가지라는 말이야." Peter Quennell, *A Superficial Journey through Tokyo and Peking*(London), p.99; Marius B. Jansen, 앞의 논문, p.59에서 재인용.

개시될 때까지의 시기 동안 일본은 대외적으로 대동아공영권(大東亞共榮圈)을 천명하는가 하면, 대내적으로 익찬체제(翼贊體制)라는 신체제 설립운동을 전개한다. 1940년 6월 신체제운동을 제창한 고노에는 7월에 마쓰오카 요스케(松岡洋右, 1880-1946)를 외상으로 하고 육군 중장인 도조 히데키(東條英機, 1884-1948)를 육상으로 하는 제2차 내각을 구성한 후 이른바 '대동아공영권' 건설을 발표하고 독일 및 이탈리아와의 관계 긴밀화 및 인도차이나 반도에 대한 적극정책 추진을 결정하게 되어 1940년 9월 27일에는 독·이·일 간에 삼국동맹이 체결되어졌다. 이와 아울러 전체적 단일 정당을 수립하려는 고노에의 구상이 현실화되기 시작한 것은 고노에가 추밀원 의장직을 자진 사퇴하고 1940년 8월 민정당이 해산한 것을 계기로 다른 정당들도 다투어 해산하게 된 데서 비롯된다. 제2차 고노에 내각이 구성되자 그는 신체제 설립준비회를 구성하고 "분당적 정당정치를 초극(超克)하여 거국적·전체적·공공적이며 국민 총력의 집결 일원화를 촉진시킬 것을 목적으로 하는 국민조직을 설립하자"고 제의하였다.131) 이처럼 일본의 정치체계를 국민대중의 조직화 위에 세우려는 정부의 노력은 대중들의 공동체 조직 구석구석까지 파고들었다.

1940년 9월, 내무성은 공식적으로 농촌에 부락회, 도시에 초나이카이(町內會)를 설치하고 그 기초로서 10개 가구 내지 20개 가구를 단위로 도나리구미(隣組, neighborhood associations)를 설치한다.132)

131) 翼贊運動史刊行會 編, 『翼贊國民運動史』, p.85; 木村時夫, 『日本ナショナリズムの硏究』(前野書店, 1971), p.238에서 재인용.
132) "정신통일을 위해 계획되었으나 [……] 국민 경제생활의 지방통제조직으로서 통제경제를 집행하며, 그리하여 국민생활

특히 일본이 신도실천(臣道實踐)을 위하여 체계화시킨 정치조직의 최하위 조직으로서의 역할을 담당한 '도나리구미'는 국민의 생활 속에 숨쉬고 있던 오랜 공동체 구조를 이용한 감시체제였는데, 물자 배급의 단위로서의 기능도 담당했던 만큼 이 조직에 속하지 않고서는 아예 생존 자체가 불가능하도록 되어 있었다.133) 이렇게 하여 1940년 10월 12일 설립된 대정익찬회(大政翼贊會)로 인하여 모든 국민조직은 관제적 국민 조직에 포용되었으며 사상적 제도적으로 체계화된 군국주의가 완성되게 된다.

한편 다이쇼 시기 이래로 계속하여 이른바 과격분자와의 사상전쟁을 주도해온 사법 관료들은 이 무렵 국내 전선의 방위대로서 사상전선에서 승리하는 것이 자신들의 소명이라고 생각하고 있었다. 이들은 1차 대전에서 독일의 패전이 주로 국내의 사상통일에 틈이 생겨, 전쟁에 대해 국민정신이 분열한 데서 비롯되었다고 믿고 있었다.134) 이러한 시대적 분위기는 1941년 5월에 기왕의 치안유지법을 직접적으로 계승하면서 더욱 더 광범위하고 깊숙하게 국민의 생활을 감시하기 위해 개정된 치안유지법에 잘 나타나 있다.

제1조. '국체 변혁'을 목적으로 결사를 조직한 자 또는 기타 지도자의

의 안정을 도모하는 기초 조직으로서" 설치한 도나리구미는 약 120만 개가 확인된 것으로 알려지고 있다. Thomas R. H. Havens, "Frontiers of Japanese Social History during World War II", 『社會科學討究』 52호(1973년 3월), pp.19–21; Richard Mitchell, 앞의 책, p.206–207
133) 師岡佑行, 「전시하의 민중」『일본문화사』(혜안출판사, 1994), pp.396–397
134) 『思想研究資料』특집 57호(1939년 2월), pp.44–45, Richard Mitchell, 앞의 책, pp.207–208에서 재인용.

임무에 종사한 자는 **사형** 무기 또는 7년 이상의 징역에 처하며 [······]
제2조. 앞 조의 결사를 '지원'할 목적으로 결사를 조직한 자 또는 [······]
제3조. 제1조의 결사의 조직을 '준비'하기 위한 목적으로 결사를 조직한
자 또는 [······] 제4조. 앞 3조의 목적으로 집단을 결성한 자 [······] 제5조.
제1조 내지 3조의 목적으로 그 목적인 사항의 실행에 관한 협의 또는
선동을 하거나 [······] 제6조. 제1조 내지 3조의 목적으로 소요, 폭행 기타
생명, 신체 또는 재산에 해를 가하는 [······] 제7조. 국체를 부정하거나
또는 신궁(神宮) 혹은 황실의 존엄을 모독하는 사항을 유포함을 목적으로
결사를 조직한 자 [······] 제14조. 1조, 4조, 7조, 10조의 '미수죄'는 이를
벌한다. 제15조. 이 죄를 범한 자가 '자수'할 때는 그 형을 경감 또는
면제한다. 제16조. 이장의 규정은 누구를 막론하고 이 법 시행지 밖에서
죄를 범한 자에게도 역시 적용된다.[135]

당시 국체가 '보호할 가치가 있는 모든 것'이라는 의미로 확대될
수 있을 만큼 자의적 성격을 지닌 정치적 용어였다는 사실을 감안한다
면, '국체의 수호'를 표방하면서 나열된 치안유지법은 황국 일본에서
모든 국민의 행동 및 사상에 대한 자의적이고 철저한 규제가 '법의
이름으로(in the name of the law)' 이루어지게 되었음을 보여준다고
할 수 있을 것이다.

한편 1941년 문부성은 『신민의 길(臣民の道)』을 통하여, 당시의
세계정세에서 일본의 역할이 무엇이며 신민으로서 어떻게 살아가야
하는지에 대해 분명히 밝히고 있다. 우선 당시의 국제정세 속에서

135) Richard Mitchell, 앞의 책, p.261-262에 1941년 개정된
치안유지법의 전문 수록. 앞에 언급한 25년 당시의 치안유지법
과 비교해보면 그 내용의 강도가 어떻게 변화하는지 확인할
수 있을 것이다. 강조는 필자.

일본의 무력외교를 정당화시키기 위한 논리는 다음과 같이 전개된다.

우리나라의 결의와 무위(武威)는 그들 주요 국제연맹국으로 하여금 어떤
제재도 가할 수 없게 했다. **우리나라가 탈퇴하자 연맹의 정체는 세계에
폭로되어** 독일도 그해 가을에 우리의 뒤를 따라 탈퇴했고, 늦게 이탈리아도
또한 이디오피아의 문제로 기회를 포착하여 탈퇴통고를 발하니 국제연맹은
완전히 이름뿐인 껍데기가 되었다. 이렇게 하여 우리나라는 1931년 가을 이래
세계유신(世界維新)의 최고 선두에서 거대한 발걸음을 내디디고 있다.[136]

당시 일본은 오직 세계적 대세에 걸 맞는 것으로 보이는 약육강식의
논리에 의지한 채, 어떠한 행위의 내재적 가치를 논의하는 것을 조소(嘲
笑)하면서 그 실력과 책략의 현실성만을 행위에 대한 도덕성의 준거의
틀로 삼으려 했다. 그럼에도 불구하고 마루야마가 지적한 것처럼 공공
연한 마키아벨리즘의 선언, 소시민적 도덕의 대담한 유린이라는 말은
일본의 책임 있는 정치가의 입에서 나온 예가 한번도 없었다.[137] 따라서
'신민의 도'를 실천하는 것은 거창한 모습으로 논의되는 것이 아니라
오히려 생활의 한가운데서 자연스레 이루어진다는 점이 강조되지 않을
수 없다.

일상적으로 우리가 사생활이라고 부르는 것도 곧 신민의 도(臣民の道)**의
실천이며,** 천업(天業)을 익찬하고 신민이 영위하는 업(業)으로서의 '공적
의의'를 가지는 것이다. [……] 이렇게 우리는 **사생활의 와중에서도 천황에**

136) 『臣民の道』; 丸山眞男, "超國家主義の論理と心理", 『現
代政治の思想と行動』, 신경식 역, 『現代日本政治論』(고려원,
1988), p.234에서 재인용. 강조는 필자.
137) 丸山眞男, 앞의 논문, p.234

귀일하고 국가에 봉사한다는 생각(公)을 잊어서는 안 된다. 우리나라에서
는 관에 봉사하거나 실업에 종사하는 것, 부모가 자식을 키우는 것, 아이들
이 학문을 하는 것 등의 모든 것이 이 본분을 다하는 것이며, 몸으로써
힘을 다하는 것이다.[138]

이처럼 도의 이름으로 권력화가 진행되고 권력이 윤리적인 것에
의하여 계속 중화(中和)되어지는 한 정치가 가지는 악마적인 성격은
노출되지 않을 뿐 아니라 개개인에게 있어서도 윤리의 내면화는 이루어
지지 못한다. 이렇게 되면 윤리는 개인의 내면의 심연으로부터 자연스
럽게 샘솟는 것이 아니라, 타율적인 외부 권력에 종속되어 권력에
대한 의지를 정당화시키는 구실 안에서 스스로의 화려한 수사에 만족해
할 소지만 커질 뿐이다.

결국 『신민의 도』의 내용을 요약하면, 구미세력은 여러 민족을
노예화하고 그 자본을 약탈하는 세력이기 때문에 이를 극복하기 위해서
는 일본이 '도의(道義)에 의한 세계 신질서'를 건설하지 않으면 안
된다, 따라서 일본이 삼국동맹을 체결한 것도 종국에 가서는 '동아시아
에서 구미세력의 화근(禍根)을 베어 없애는 데(芟除)' 그 최종 목적이
있었던 것이다, 그러므로 황국 신민은 '개개인의 집(家)이 국가(國)를
근본으로 해서 존재하는 천황제 가족국가'라는 '국체의 본의'에 맞춰
철저히 스스로를 수신(修身)하여야 하며 '국체 봉사를 가장 중히 여기는
국민도덕(國民道德)'을 견고히 세우고, 아울러 두루 '세계의 정세'를
통찰함으로써 '신민의 도'를 실천하여 황국 일본의 대의를 세계에
널리 전파시켜야 한다는 것이었다.

138) 文部省教學局, 『臣民の道』(1941) 제3장, 「臣民の道の實
踐」 강조는 필자.

이러한 궤적을 거쳐 오는 동안 생성된, 거룩한 국체와 숭고한 일본정신의 이미지 앞에서 이루어진 일본인들의 '자기암시'는 일본열도 전역에서 총체적 순응과 집단열광(集團熱狂)으로 피어올랐다. 이에 대한 이해가 선행되지 않고서는, 일본이 대동아공영권의 기치하에 전쟁의 봉화를 올린 것이 전쟁에서 승리할 수 있다는 객관적인 분석이나 적극적인 전망에서 비롯된 것이 아니라는 역사적 진실을 제대로 이해하기 어려울 것이다.139) 이 무렵 쇼와유신운동의 지도자였던 오카와는 인류의 발전과 세계사의 완성은 정신을 바탕으로 한 동양의 문명과 물질을 중심으로 하는 서양의 문명과의 통합에서 가능하다고 주장하면서140) 동·서양의 전쟁의 필요성을 다음과 같이 예찬하고 있었다.

동서의 모든 국가는 [……] 지금까지 전쟁에 의하여 흥했고 또한 전쟁에 의하여 망했다. 인류의 역사는 한편 평화의 모습을 가지며 동시에 전쟁의 모습을 지니는 야누스의 머리와 같다. 전쟁과 평화는 결코 분리될 수 없는 한 몸이다. 세계 역사를 살펴보면 모든 전쟁은 놀라운 조직과 통일로서

139) 메이지 초기 이래 특히 1931년 이후에 들어서게 되면 육군과 해군의 참모본부는 유능한 청년 장교들을 배치하여 일본과 일본의 가상적국 쌍방의 전쟁 수행능력에 대한 최신의 정보를 공급하도록 하고 있었다. 정보참모들의 중언을 토대로 하여 쓰루미 슌스케 교수는 일본이 전쟁을 개시하기 전 미국, 영국과 싸워 승리할 가능성에 대해 한 번도 정보참모들로부터 보고받은 바 없었다고 밝히고 있다. 그럼에도 불구하고 태평양전쟁의 시점을 결정한 계기가 된 것은 다름이 아니라 석유 저장량이 예상보다 더 빨리 떨어져 간다는 데 대한 불안감이었다는 것이다. 高橋甫, 林三郎, 「舊軍人の場合」, 『芽』1953年 8月號; 鶴見俊輔, 앞의 책, pp.48, 113 참조
140) 大川周明, 『大東亞秩序建設』(東京: 第一書房, 1943), p.206-207

'평천하(平天下)'의 목적에 공헌했다. 일체의 전쟁 속에서 그 규모가 웅장하고 의의가 깊은 것은 세계사에 있어서 두 개의 가장 크고 높은 대항 개체, 즉 동양과 서양, 아시아와 유럽의 전쟁일 것이다.[141]

태평양전쟁이 일어날 무렵까지만 해도 일본 해군은 육군과는 달리 현실감각에 기반한 국제적인 시야를 갖추고 있었던 것으로 평가된다. 해군은 작전계획을 세울 때에도 합리성을 유지하고 있었고 참가자가 생존해서 돌아올 수 없는 작전은 아예 처음부터 세우려 들지 않았다. 그러나 이러한 해군의 현실감각은 전쟁의 도가니에 휩싸이면서 국체에 스스로를 일치시키는 자기암시로 치닫게 되고 만다.[142] 전쟁 중 일본 정부는 "폐하의 신민은 국체를 지키기 위해서는 옥쇄(玉碎, kyokusai)— '옥처럼 아름답게 깨어져 부서진다'—를 각오해야 한다"고 말하고 있었다.[143] 일본인 전체가 죽더라도 국체만은 남게 된다는 이른바 국체호지(國體護持)의 사상을 이해하기 위해, 전쟁터에서 숨진 전사자들을 추모하는 의식을 실황 중계한 어느 아나운서의 멘트를 소개하면 다음과 같다.

아, 환호소리, 만세소리를 뒤로하고 만주 벌판을 향해 떠나가던 그 모습, 용감하고 늠름한 아버지, 남편, 아들, 손자의 모습이 지금도 눈에 선한데, 여기 지금 4천여 유족들이 경건하게 합장을 하고 고개 숙이니 비 오듯 내리는 눈물이 땅을 적시고, 온 나라가 한마음으로 올리는 이 놀라운 제전에서, 신이 되어 광영의 자리에 오르시는 영령들이여, 지금 여기 **감격의 눈물**(tears of joy)에 젖어서 성스러운 의식을 지켜보는 그대 유족들

141) 大川周明, 앞의 책, pp.148-153
142) 鶴見俊輔, 앞의 책, pp.112-116 참조.
143) 鶴見俊輔, 앞의 책, p.115에서 인용.

의 심경을 어찌 말로써 표현하여 전달할 수 있으리요.144)

이처럼 전쟁에 나가 죽는 것이 종교적 순교가 되고 감격이 되는 마당에서 죽음이란 더 이상 두려운 대상이 아니었다. 이러한 분위기는 살아서 포로의 치욕을 받느니 차라리 '옥쇄'의 길을 선택하게끔 끊임없이 유인(誘引)하였다.

일본의 지식인 중에서 근대 문명에 대해 가장 비판적인 그룹으로 분류되는 문학회(文學會)와 낭만파(浪漫派) 지식인들이—이들은 이른바 교토학파(京都學派)로 불린다—태평양전쟁이 확대일로에 있던 1942년 7월 교토(京都)에서 '어둠으로부터 새로운 여명을 향해 가교(架橋)를 놓는다'는 명목하에 이른바 '근대의 초극(近代の超克)'이라는 유명한 담합의 꽃을 피웠던 것은 바로 이러한 상황에서였다. 그 요지는 태평양전쟁이 '일본인들의 지적 삶을 진정으로 유발시키는 일본인의 피'와 '근대 일본에 과부하 되어 있는 서양의 지식' 간의 필연적 갈등에 다름 아니며, 억압받아온 아시아인들은 서양을 극복하기 위해 반드시 싸워 이겨야 한다는 일본의 전쟁확대 미화가 그 주된 내용을 이룬다.145)

144) 야스쿠니신사(靖國神社)에 전사한 사람들을 합사(合祀)할 때 행해진 의식은 라디오로 전국에 실황 중계되었는데, 위에 인용한 내용은 1, 711주(柱, 신사에서 영령은 전통적으로 기둥 柱 자로 표시한다)를 합사하면서 아나운서가 들려준 멘트의 일부이다. 위의 내용은 Norman Field, 앞의 책, pp.167-169에서 재인용.

145) '근대의 초극'으로 일컬어진 이 유명한 논의는 『文學界』 1942년 9월과 10월호에 수록되었으며 이듬해 단행본 『知的協力會議 近代の超克』(創元社, 1943)으로 출간된다. 이들 교토학파의 논의는 현실의 국제정세의 전개에 당면한 일본이 세계사에 대한 장기적 전망에 입각하여 스스로의 입장을 학문적으로 명확

7. 맺음말

지금까지 살펴본 일본 제국주의의 모습은 아주 오래전 먼 옛날의
전설이나 신화가 아니다. 이글을 구상하는 동안 필자는 '1930년대
일본의 군국주의체제가 메이지 이후 일본이 걸어온 근대의 궤적으로부
터의 일탈이냐, 아니면 메이지 입헌체제의 필연적인 귀결이냐'라는
진지한 물음이 자칫하면 이분법적 접근 방식으로 귀착되어질 소지가
크다는 사실을 절감하게 되었다. 이러한 문제는 구체적인 문맥에서
드러나는 역사의 생생하고 구체적인 교훈이 언어의 유희적 장난으로
추상화되면서 오히려 역사에 대한 정태적, 피상적, 혹은 도식화된
가치를 부지불식 중에 강요함으로써 몰역사적 사고를 일반화시킬 수
있을 뿐 아니라 일본을 이해하는데 있어서 권력과 정치의 측면을
간과하게끔 하는 심각한 상황을 야기시킬 수 있다는 점에서 신중한
자세가 요구되지 않을 수 없는 것이다. 더구나 이러한 근대 일본의
모순을 지나치게 구조적 한계에서 접근하게 되었을 경우 당대를 살았던
'개인들'의 과오를 자칫 간과하거나 혹은 외면할 수 있다는 점 또한
무시할 수 없을 것으로 생각된다. 따라서 이 글은 위 문제에 대한
직설적인 답변 방식을 지양하고, 이글의 모두(冒頭)에서 밝힌 대로,
"메이지시기에 형성된 배척과 수용이라는 이중적 성격을 지닌 일본

히 천명하고 있다는 점에서 일본 역사상 유일한 예로서 손꼽히고
있으며 또한 그러한 점에서 새로이 주목받고 있다. '근대의
초극'에 관한 논쟁은 T. Najita and H. Harootunian, 앞의 논문,
pp.758-759; 전후 교토학파의 입장이나 활약상에 대해서는
坂本多加雄,「日本は自らの來歷を語りうるか」,『日本は自ら
の來歷を語りうるか』(筑摩書房, 1994)

정체성의 설정작업이 '어떠한 경로를 통해' 국수적이고 침략적인 성격으로 나아가게 되었는가"라는 관점에서 이른바 일본 제국주의의 정신사에 접근함으로써 그 과정에서 드러나는 일관된 맥락을 읽어보려고 했다.

근대 일본은 천황제체제를 떠나서는 이해하기 어렵다. 마루야마 등이 지적하는 것처럼 정치체제의 상징이었던 천황제도는 근대 일본 정치를 '무책임의 체계'이자 '억압 이양의 체제'로 만들어 놓았다.146) 그러나 천황제라는 형이상학적 존재가 현실정치적인 맥락에서 의미를 부여받기 위해서는 천황제가 체현되어 구체적으로 형상화된 실체라는 의미에서 '일본 국체'의 설정이 불가피했던 것으로 판단된다. 이렇게 설정된 국체가 2차 대전으로 치닫던 일본인들의 모든 가치 기준의 원천이자 구체적인 행동의 준거(準據)의 틀―에피스테메(episteme)―로서 활용되었음은 지금까지 살펴 본 바와 같다. 그러나 이처럼 국체라는 필터(filter)를 통해 유입된 서구적 근대성이 근대 일본의 사상체계에 남겨놓은 문제는 너무나 크고 많아서 필자가 여기에서 밝힐 수 있는 범위를 넘어서는 것이다. 앞으로의 연구과제가 아닐 수 없다.

다만 이 문제와 관련하여 여기서 지적하고 싶은 것은 서구의 근대성, 합리성의 요소가 일본문화, 일본적 가치체계라는 신화적 요소와 즉자적(即自的, an sich)으로 결합하면서 두 가지가 모두 왜곡되어 진행되었다는 사실이다. 때문에 서양에서 이루어진 근원적인 회의와 모색 그리고 개인의 발견과 자각이 지니는 의미에 대한 논의가 일본의

146) 이에 대해서는 마루야마 마사오의 『現代政治の思想と行動』(未來社, 1957), 특히 「超國家主義の論理と心理」를 참고할 필요가 있다.

지식인을 비롯한 학생, 젊은 세대들에게 '유행'하기는 하였으되 그에 대한 천착과 이에 근거한 전망을 이루어 내는 데까지 나아가지 못했다. 이러한 원리적, 보편적인 것에 대한 고민의 결여[147]는 '되어가는 형편'에 따른 상황추수적 자세를 일반화시켰을 뿐 아니라, 행위의 가치기준을 '일본 국체'라는 자의적이고 정치적인 담론에만 매달리게 만듦으로써, 일본적 특수성의 틀 안에 모든 세계를 억지로라도 담아내려는 작위적이고 현상타파적 인식의 사상적 모태가 되었다.

이러한 연장선상에서 만들어진 서양의 이미지라고 하는 것은 개인주의에 근거한 방종과 대립, 투쟁, 타락이라는 단순화된 것으로 나타났으며, 그에 반해 동양은 이에 대한 역상에 가까운 평화와 순수의 표상으로서의 설정되었다. 하지만 이러한 서양과 대비되는 동양적 본성이 다른 아시아 국가들의 역사 속에서는 상실되어 버린 반면, 일본은 동양문화의 순수성을 발전적으로 계승하면서 근대화의 과제를 성공시킨 예외적이며 무오류적 존재로서 스스로를 인식해 나아갔다. 이처럼 동아시아와 일본열도를 둘러싸고 진행된 외압의 여건에 대해 일본인들이 이처럼 추상적이면서도 이기적으로 해석하게 되는 과정은 일본인들의 보편적 사고의 결핍과 상상력의 빈곤, 그리고 권력에의 의지가 맞물리는 과정이기도 했다. 그렇다고 이러한 과정이 일본 근대사 안에

---

147) 오에 겐자부로(大江健三郎, 1935–)는 일본인들에게 나타나는 원리적 보편적인 것에 대한 고민이나 천착의 결여에 대해서 일본의 이중성(Japan's duality) 혹은 일본의 애매모호성(Japan's ambiguity)이라고 명명하면서, 이러한 보편성의 결여는 전후에도 줄곧 지속되어 오고 있다고 지적하고 있다. Oe Kenzaburo, "Japan's Dual Identity: A Writer's Dilemma", in Masao Miyoshi and H.D. Harootunian eds., *Post modernism and Japan*(Duke, 1989)

서 일방적, 단선적인 형태로 진행된 것은 물론 아니다.

일본의 근대 정치사상의 흐름을 따라가 보면 실증주의적 · 현실주의적 · 관료주의적 가치관으로 맞물리는 하나의 개념상의 축(軸, axis)과 이에 비판적인 철학적 이상주의와 이것의 변형으로서 국가에 대한 국민주의적 축이 양극을 이루고 있음을 알 수 있다. 이러한 두개의 축이 일본열도의 공간(場)에서 끊임없이 상호작용을 해나가면서 때로는 둘이 하나의 모습으로 수렴하기도 하고 때로는 타협할 수 없는 듯한 배타적 자세를 견지하기도 했다. 이런 과정 속에서 때로는 현학적이고 이론적인 모습으로 때로는 애끓는 절절한 모습으로 '충성'과 '헌신'이 모색되어지고 반박되어지고 새로 만들어지곤 했던 것이다. 앞에서 언급했던 이중 가치의 상황은 일본이 상황에 따른 자기 모색의 방식에 상대적으로 구애받지 않으면서 어려운 상황에서는 일본적인 것, 일본의 고유한 가치체계로 회귀하는 모습을 가능케 했던 인식론적 근거가 되었는데 다만 이러한 자기행위에 따르는 수사(修辭, rhetoric) 만큼은 거창하고 화려하면서도 그만큼 추상적으로 드러났던 것이 일반적이다. 이러한 인식체계가 서양의 국제법 체계-혹은 만국공법적 세계 질서-속에 내재된 제국주의적 속성을 간파하는 데는 의미있는 방식이었는지 몰라도 '개인'과 '세계'에 대한 존재 가치와 대등성에 대한 진지한 자각으로 진행되지 못한 것은 자연스러운 귀결이었다.

일본의 최고 지성인들에 의해 '근대의 초극'으로 표현된 바 있는, 일본의 당면한 과제의 수행이 극단적인 현상타파적 성격을 지닌 국가적 광기(狂氣)의 발현으로 나타났다면, 패전 후 과거의 잘못을 일시적인 일탈로 규정하면서 과거를 자의적으로 해석하고 이를 뛰어넘으려는 일련의 가치체계 및 태도 위에서 이루어지는 일본의 모색은-필자는 일본의 과거사에 대한 태도를 '과거의 초극'이라고 명명하고 싶다148)- 전환기적 상황에 놓여 있는 세계질서 특히 동아시아의 정치지평 위에 불투명하고 암울한 전망을 던질 수밖에 없다. 새로운 시대의 개막은 항상 기존의 현실 자체가 어떠했는가에 대한 진지한 고민과 주체적 성찰 및 반성, 그리고 이에 근거한 진정한 화해와 이해의 나눔을 통한 새로운 전망과 의식의 획득 위에서만 열릴 수 있다. 과거의 부정적인 역사는 현재를 사는 사람들이 책임져야 하는 과거로부터의 몫이 아니다. 그러나 부정적인 역사를 반복하지 않는 것은 현재를 사는 사람들이 책임져야 할, 미래가 요구하는 몫이다.

148) '근대의 초극'을 말하는 논자들은 근대의 극복을 말하되 근대에 대한 천착이나 직시(直視)를 외면 혹은 곡해하고 있었다. 필자가 여기서 일본의 과거사에 대한 태도를 '과거의 초극'이라고 부른 것은 일본이 과거를 극복할 것을 말하되 과거를 직시하려 하지 않는 사실을 전전의 일본의 태도와 일관된 맥락에서 닮아있음을 지적하고자 하는 의도에서 비롯된다.

참고문헌

1차 자료

現代史資料, 『国家主義運動』1.2(みすず書房, 1963)

文部省, 『国体の本義』(1937)

노성환 訳, 『古事記』(서울: 예전사, 1987-1990)

전용신 訳, 『日本書記』(서울: 一志社, 1990)

春畝公追頌会著, 『伊藤博文伝』(東京: 春畝公追頌会, 1940)

大川周明, 『日本乃 日本人の道』(東京: 行地出版会, 1926)

_____, 『日本的 言行』(東京: 行地出版会, 1930)

_____, 『米英東亜侵略史』(東京: 第一書房, 1942)

大川周明全集刊行会, 『大川周明全集』7권(東京: 岩崎書店, 1961-1974)

北一輝, 『国体論乃 純正社会主義』(北一輝 遺著刊行会, 1950)

_____, 『支那革命外史』(1921)

諸橋轍次, 『大漢和辞典』(大修館書店, 1984)

국체관련 자료

Paul Richard, 大川周明訳, 『告日本国』(内外維新研究所, 1958)

加藤弘之, 『国体新論』(稲田佐兵衛, 1875)

国学院大学編, 『国体論纂』2冊(東京: 国学院大学, 1963-4)

内務省神社局, 『国体論史』(東京: 内務省神社局, 1921)

大谷美隆, 『憲法学の基本問題』(東京: 育成社, 1942)

藤田一郎, 『国体論』(1887)

牧健二, 『日本国体の理論』(東京: 有斐閣, 1944)

西晋一郎, 『天地開闢即国家建立』(東京: 国民精神文化研究所, 1934) シリーズ7冊

_____, 『真正なる国家』(東京: 国民精神文化研究所, 1939) シリーズ42冊

石川岩吉, 『国体要義』(石川岩吉, 1913)

植木直一郎, 『国体講話』(東京: 皇典講究所)

里見岸雄, 『日本政治の国体的構造』(東京: 日本評論社, 1939)

_____, 『科学的国体論』(大阪: 真日本社, 1947)

_____, 『日本国体学－国体科学大系』(名古屋: 日本国体刊行会, 1950)

伊藤多三郎, 『国体観念の史的研究』(東京: 同文館, 1936)

日本法理研究会, 『日本国家の法理的考察』(東京: 日本法理研究会, 1944) 日本法理叢
　　　書特集5巻

田崎仁義, 『皇道日本と王道満州』(東京: 斯文書院, 1933)

河野省三, 『我が上代の国体観念』(東京: 国民精神文化研究所, 1934)

_____, 『近世の国体論』(東京: 国民精神文化研究所, 1937) シリーズ27冊

_____, 『我が国体観念の発達』(東京: 国民精神文化研究所, 1937)

_____, 『明治維新と皇道』(東京: 国民精神文化研究所, 1938)

_____, 『日本の国体』(東京: 明治神宮事務所, 1962)

2차 자료

Dale, Peter N., *The Myth of Japanese Uniqueness*(New York: Croom Helm, 1986)

David Magarey Earl, *Emperor & Nation in Japan.: Political Thinkers of the Tokugawa Period*(Washington, 1960)

Field, Norma, *In the Realm of a Dying Emperor*(New York: Pantheon Books, 1991), 박이엽 역, 『죽어가는 천황의 나라에서』(창작과 비평사, 1995)

Gluck, Carol, *Japan's Modern Myths: Ideology in the Late Meiji Period*(Princeton University Press, 1985)

Hall, John W., *Japan: From Prehistory to Modern Times*(New York: Dell Publishing Co., 1970), 박영재 역, 『日本史: 선사시대부터 현대까지』(역민사, 1986)

Hall, Robert K., ed. *Kokutai No Hongi: Cardinal Principles of the National Identity of Japan.* translated. by John O. Gauntlett. Cambridge, Mass(Harvard University Press, 1949)

Jansen, Marius B., "Changing Japanese Attitudes towards Modernization." in Jansen, Marius B.(ed.), *Changing Japanese Attitudes towards Modernization* (Princeton University Press, 1965) 鄭明煥 訳, 『日本의 近代化와 知識人』 (교학연구사, 1980)

Mitchell, Richard H., *Thought Control in Prewar Japan*(Ithaca and London: Cornell University Press, 1976), 김윤식 역, 『日帝의 思想統制: 思想転向과 그 法体系』(一志社, 1982)

Najita, Tetsuo, *Japan: The Intellectual Foundations of Modern Japanese Politics* (Chicago University Press, 1974),

　　박영재 역, 『근대 일본사: 정치항쟁과 지적긴장』(역민사, 1992)

Najita T. and Harootunian, H. "Japanese Revolt against the West: Political and Cultural Criticism in the Twentieth Century", *The Cambridge History of Japan*, vol. 6, The Twentieth Century, edited by Peter Duus (Cambridge: Cambridge University Press, 1988)

Oe Kenzaburo, "Japan's Dual Identity: A Writer's Dilemma", in Masao Miyoshi and H.D.Harootunian eds., *Postmodernism and Japan*(Duke, 1989)

Reischauer, Edwin O., *The Japanese*(Cambridge, Mass: Harvard University Press, 1977)

Said, Edward W., *Orientalism*. 1978(New York: Vintage Books, 1979)

Silberman, Bernard S., *Cages of Reason: The Rise of the Rational State in France, Japan, the United States, and Great Britain*(Chicago and London: Univ. of Chicago Press, 1993)

Tanaka, Stefan, *Japan's Orient: Rendering Pasts into History*(University of California Press, 1993)

Wolferen, Karel van, *The Enigma Japanese Power: People and Politics in a Stateless Nation*(London: Macmillan, 1989)

京都大学文学部国史研究会室編, 『日本史辞典』(東京創元社, 1981)

橋川文三, 「国体論の連想」, 『展望』 1975년 9월호

久野収, 鶴見俊輔, 『現代日本の思想』(岩波書店, 1956), 심원섭 역, 『일본 근대사상사』(문학과지성사, 1994)

吉田博司, 「国体の政治思想」, 宮本盛太郎, 『近代日本政治思想の座標』(有斐閣, 1987)

藤原彰, 『日本軍事史』(東洋経済新報社, 1987), 엄수현 역, 『日本軍事史』(時事日本語社, 1994)

木村時夫, 『日本ナショナリズムの研究』(東京: 前野書店, 1971)

山室信一, 「アジア認識の基軸」, 『近代日本のアジア認識』(緑蔭書房, 1996)

三谷太一郎, 「大正데모크라시의 展開와 論理」 차기벽, 박충석 편, 『日本現代史の構造』(한길사, 1980)

石田雄, 『明治政治思想史研究』(東京: 未来社, 1954)

_____, 「이데올로기로서의 천황제」, 차기벽, 박충석 편, 『日本現代史의 構造』(한길
　　　사, 1980)

小田実, 「日本の近代化と知識人の変遷」『日本の知識人』(筑摩書房, 1969),
　　　鄭明煥 訳, 『日本의 近代化와 知識人』(교학연구사, 1980)에 수록

矢野暢, 『극장국가 일본』(일굼, 1993)

遠山茂樹, 今井清一, 藤原彰, 『昭和史』(東京: 岩波書店, 1983)

栗屋憲太郎, 『十五年戦争期の政治と社会』(東京: 大月書店, 1995)

入江昭, 『日本の外交』(中央公論社, 1966), 이성환 역, 『일본의 외교』(푸른산, 1993)

中村菊男, 「自由主義와 国家主義의 갈등」, 차기벽, 박충석 편, 『日本現代史의 構造』
　　　(한길사, 1980)

川崎庸之, 奈良本辰也 編, 『日本文化史』2(有斐閣, 1977), 김현숙, 박경회 역, 『일본문화
　　　사』(혜안, 1994)

青木保, 『日本文化論の変容』(中央公論社, 1990)

坂本多加雄, 「日本は自らの来歴を語りうるか」, 『日本は自らの来歴を語りうるか』(筑摩書
　　　房, 1994)

鶴見俊輔, 『戦時期 日本の 精神史: 1931-1945』(東京: 岩波書店, 1982),
　　　강정중 역, 『일본 제국주의정신사』(한벗, 1982)

丸山真男, 『日本政治思想史研究』(東京大学出版会, 1952)

_____, 「陸羯南と国民主義」, 『民権論からナショナリズムへ』(御茶の水, 1957,
　　　1978)

_____, 『現代政治の思想と行動』, 신경식 역, 『현대일본정치론』(고려원, 1988)

_____, 「明治国家의 思想」, 차기벽, 박충석 편, 『日本現代史의 構造』(한길사, 1980)

_____, 「日本과시즘의 思想과 運動」, 차기벽, 박충석 편, 『日本現代史의 構造』(한길사,
　　　1980)

黒住真, 「朝鮮文明と日本文明」(1994), 김용옥 편, 『삼국통일과 한국통일』(통나무)

김용운, 「戦後 日本天皇制와 日本人의 原形」, 『現代日本의 政治』(경남대학교 극동문
　　　제연구소, 1986)

레너드 모즐리(1965), 팽원순 역, 『일본천황 히로히토』(깊은샘, 1994)

류근호, 「명치유신과 존왕사상」, 현대일본연구회 편 『국권론과 민권론』(한길사, 1981)

박영재, 「일본 근대사의 성격」, 『오늘의 일본을 해부한다』(한길사, 1986)

성황용, 『日本의 民族主義』(명지사, 1986)

이도형, 「일본사회의 우경화의 연원과 논리」, 『오늘의 일본을 해부한다』(한길사, 1986)

차기벽, 「日本의 伝統과 政治的 近代化」『現代日本의 解剖』(한길사, 1978)

_____, 「大正期의 社会問題와 社会運動」, 현대일본연구회편『국권론과 민권론』
(한길사, 1981)

_____, 「일본의 진보주의, 그 역사적 성격과 전개」, 『오늘의 일본을 해부한다』(한길사, 1986)

한경구, 「일본인론, 일본문화론」, 최상용 외 공저『일본, 일본학: 현대일본연구의 쟁점과 과제』(오름, 1994)

한배호, 「아시아적 파쇼체제의 흥망」, 『現代日本의 解剖』(한길사, 1978)

한상일, 「국가주의와 국가개조운동」, 현대일본연구회편『국권론과 민권론』(한길사, 1981)

_____, 『일본군국주의의 형성과정』(한길사, 1982)

_____, 『일본의 국가주의』(까치, 1988)

함동주 외, 『동아시아, 문제와 시각』(문학과 지성사, 1995)

혜안기획실, 『제국 흥망의 연출자들』(혜안, 1994)

황패강, 『일본신화의 연구』(지식산업사, 1996)

찾아보기